Meike Kaiser

Fördermaterial LESEFLÜSSIGKEIT

Klasse 3 – 5

mit digitalen Übungen

Kopiervorlagen und **Übungen**
zur Steigerung der **Lesefertigkeit**

Verlag an der Ruhr

Impressum

Titel
Fördermaterial Leseflüssigkeit – Klasse 3–5:
Kopiervorlagen und Übungen zur Steigerung der Lesefertigkeit, mit digitalen Übungen

Autorin
Meike Kaiser

Umschlagmotiv
Lesender Junge © Roman Chazov – Shutterstock.com
Bücher © Bibadash – Shutterstock.com

Symbole/Icons im Innenteil
© Natasha Pankina – Shutterstock.com

Druck
Athesia Druck GmbH, Bozen, IT

Der Verlag an der Ruhr legt großen Wert auf eine geschlechtergerechte und inklusive Sprache. Daher nutzen wir das Gendersternchen, um sowohl männliche und weibliche als auch nichtbinäre Geschlechtsidentitäten einzuschließen. Alternativ verwenden wir neutrale Formulierungen.

In Texten für Schüler*innen finden sich aus didaktischen Gründen neutrale Begriffe bzw. Doppelformen.

Verlag an der Ruhr
Mülheim an der Ruhr
www.verlagruhr.de

Geeignet für die Klassen 3–5

Nachdruck 2025
ISBN 978-3-8346-4873-0

Inhaltsverzeichnis

Vorwort . . . . S. 4
Hinweise zum Inhalt . . . . S. 5
Hinweis zum Download . . . . S. 10

Lese-Einstieg . . . . ab Seite 11

Wissen, worauf es beim Lesen ankommt
Erste Aufgaben rund um Lesen und Vorlesen . . . . S. 11

Mit den Augen wahrnehmen
Augenübungen zur Einstimmung auf das Lesen . . . . S. 12–18

Lesespiele . . . . ab Seite 19

Lesepizza
Schlangenwörter spielend erlesen . . . . S. 19–22

Leseflüssigkeit & Rechtschreibung . . . . ab Seite 23

Leseblitz
Übungen zur schnellen Worterkennung . . . . S. 23–32

Lese-Fahrkarten
Automatisierung durch wiederholtes Lesen . . . . S. 33–39

Lies, wie man schreibt
Mit Pseudowörtern zum Silben-/Wortaufbau . . . . S. 40–46

Reime und Kontraste
Wortgemeinsamkeiten erkennen . . . . S. 47–56

Lesen auf Satzebene . . . . ab Seite 57

Lese-Wettrennen
Lesegeschwindigkeit üben mit Sachtexten . . . . S. 57–62

Lesen auf Textebene . . . . ab Seite 63

Tandem-Lesen mit Sachtexten
Eine Variante der kooperativen Lesemethode . . . . S. 63–68

Stimmungsvoll lesen
Möglichkeiten der Textwiedergabe herausarbeiten und anwenden . . . S. 69–76

Lesen wie im Theater
Für Zuhörende einprägsam und verständlich vorlesen . . . . S. 77–88

Vorwort

Liebe Lehrkräfte,

der Zusammenhang zwischen Leseverständnis und Leseflüssigkeit wurde mehrfach empirisch belegt[1]. Im Grundschulbereich stehen für alle Klassenstufen vielfältige Übungsangebote zum Leseverständnis zur Verfügung. Auch zur Leseflüssigkeit für die Klassen 1/2 finden sich zahlreiche unterrichtspraktische Materialien. Wenig Unterstützung finden Lehrkräfte jedoch, um Kindern auch nach dem Anfangsunterricht bewusst eine Sicherung und Steigerung ihrer Lesefertigkeiten, vor allem der Leseflüssigkeit, zu ermöglichen. Mit dem vorliegenden Materialheft wird diese Lücke geschlossen und die **Kompetenzerweiterung im Bereich der Lesefertigkeiten der Klassen 3–5** in den Blick genommen.

Dass die Steigerung der Leseflüssigkeit als die maßgebliche Lesefertigkeit auch nach Klasse 2 kein Selbstläufer ist, belegen zahlreiche empirische Studien. Um verständlich vorlesen zu können und das eigene Textverständnis positiv zu beeinflussen, sind **gezielte Übungen zur Leseflüssigkeit** und weiteren Lesefertigkeiten von großer Bedeutung. Die vorliegenden Kopiervorlagen und Übungen wurden genau dafür konzipiert.

Aufgrund meiner Erfahrungen als Lehrerin von Klasse 1–9 sowie als Fortbildnerin und Ausbilderin für Deutsch an der Grundschule erachte ich es als überaus wichtig, dass unsere Schüler*innen die Bedeutung und die Wertigkeit des flüssigen, textadäquaten Lesens und des sicheren Vorlesens bewusst erleben. So sind auch Kinder, die naturgemäß nicht zu den flüssigen Leser*innen zählen, motiviert, sich darin weiterzuentwickeln. Leseflüssigkeit ist eine Basisqualifikation – auch und im Besonderen im Hinblick auf die Herausforderungen der weiterführenden Schulen.

Das vorliegende Materialheft ist ein unterrichtspraktischer Beitrag, um die Lesekompetenz unserer Schüler*innen im Bereich der Leseflüssigkeit und des gestaltenden Lesens zu fördern und sie so für ihren persönlichen Lesealltag und die weiterführende Schule zu stärken – entsprechend den Forderungen der Bildungspläne.

Die **Differenzierung** ist in drei Stufen eingeteilt, die Sie anhand der folgenden Symbole erkennen können:

Übungen, welche für alle Niveaustufen relevant sind, sind nicht in Differenzierungsstufen eingeteilt. Sonst weisen alle Übungsformate die Grund- und mittlere Niveaustufe auf. Übungen mit besonders hohem Niveau finden sich bei dafür geeigneten Kapiteln.

Das **digitale Üben mit den QR-Codes** ist ein Baustein des vorliegenden Fördermaterials. Die meisten Übungen sind jedoch auch ohne digitale Endgeräte durchführbar. Viele Aufgaben werden sowohl in digitaler Form als auch abgewandelt in Papierform angeboten. Um welche Übungsform es sich jeweils handelt, ist aus der entsprechenden Kopiervorlage ersichtlich.

Übungsblätter mit „analogen" Übungsformen erkennen Sie an diesem Symbol:

Übungsblätter, für deren Bearbeitung in jedem Fall ein digitales Endgerät benötigt wird, sind mit folgendem Symbol gekennzeichnet:

Sollten Sie beide Symbole auf der Kopiervorlage finden, enthält diese sowohl digitale als auch analoge Übungen – beispielsweise indem eine Aufgabe im Papierformat optional durch einen QR-Code ergänzt wird. So können Sie direkt auf einen Blick erkennen, welches Übungsformat vorliegt.

Ihre Meike Kaiser

---

[1] z. B. *Rosebrock, Cornelia:* **Leseflüssigkeit.**
In: *Jürgen Baurmann et al. (Hrsg.):* **Handbuch Deutschunterricht.** Theorie und Praxis des Lehrens und Lernens. Seelze 2017. Seite 108ff.

Hinweise zum Inhalt

Lese-Einstieg

Wissen, worauf es beim Lesen ankommt

S. 11

Erste Aufgaben rund um Lesen und Vorlesen

Die Kinder erhalten ein einführendes Arbeitsblatt als „Lese-Einstieg". Dort setzen sich die Kinder zunächst mit dem Thema auseinander. Bei der Besprechung können die folgenden Stichworte als Anregung dienen:

Was hilft mir, das Gelesene für mich allein besser zu verstehen?

- schnelle Worterkennung
- Wörter in Silben gliedern
- Wortbausteine sichern
- Sichtwortschatz erweitern

Worauf kommt es beim Vorlesen für andere an?

- Deutlichkeit
- Betonung
- Stimme verändern
- Lautstärke
- Tempo
- fehlerfreies Lesen

ARBEITSBLÄTTER:

Wissen, worauf es beim Lesen ankommt			S. 11

Mit den Augen wahrnehmen

S. 12–18

Augenübungen zur Einstimmung auf das Lesen

Diese Übungen dienen der Konzentration und der Wahrnehmung. Dem „Sehsinn" wird hier als „Werkzeug des Lesens" besondere Aufmerksamkeit geschenkt. Die Kinder machen erste Übungen als Augentraining und füllen mit den Augen Lücken in Texten.

ARBEITSBLÄTTER:

Mit den Augen wahrnehmen – Augenübungen			S. 12/13
Mit den Augen wahrnehmen – Sätze bauen			S. 14
Mit den Augen wahrnehmen – Lücken füllen	*Grundniveau*		S. 15/16
Mit den Augen wahrnehmen – Lücken füllen	*mittleres Niveau*		S. 17
Mit den Augen wahrnehmen – Lücken füllen	*hohes Niveau*		S. 18

Hinweise zum Inhalt

Lesespiele

Lesepizza

S. 19–22

Schlangenwörter spielend erlesen

Sich lange Wörter zu erlesen, wird hier spielerisch geübt. Dabei werden sich wiederholende Wortbausteine automatisiert. Ziel ist es, gegen die Monster zu gewinnen!

Das Lesespiel kann sowohl analog allein als auch zu zweit gespielt werden. Außerdem gibt es auch eine digitale Alternative, bei der die Kinder Wörter hören und möglichst schnell identifizieren müssen. Die Kopiervorlage sollte idealerweise auf DIN A3 kopiert werden.

ARBEITSBLÄTTER:

Lesepizza – Anleitung			S. 19
Lesepizza – Ausschneidebogen	*Grundniveau*		S. 20/21
Lesepizza – Ausschneidebogen	*mittleres Niveau*		S. 21/22

Leseflüssigkeit & Rechtschreibung

Leseblitz

S. 23–32

Übungen zur schnellen Worterkennung

Ziel ist hier, das Lesen besonders häufiger Wörter zu automatisieren. Hierfür gibt es sowohl analoge als auch digitale Übungen. Die Kinder können dabei etwa selbst eine „Fensterklappe" basteln (siehe entsprechende Anleitung) und so bei den Aufgaben rund um die Worttabellen die schnelle Worterkennung analog üben. Eine digitale Alternative oder Ergänzung besteht darin, Wörter in einer Präsentation schnell zu identifizieren.

ARBEITSBLÄTTER:

Leseblitz – Anleitung			S. 23
Leseblitz – Worttabellen	*Grundniveau*		S. 24
Leseblitz – Worttabellen	*mittleres Niveau*		S. 25–27
Leseblitz – Gemischte Übungen	*Grundniveau*		S. 28
Leseblitz – Nomen	*mittleres Niveau*		S. 29
Leseblitz – Verben	*mittleres Niveau*		S. 30
Leseblitz – Adjektive	*mittleres Niveau*		S. 31

Hinweise zum Inhalt

Leseblitz – Häufige Wörter	mittleres Niveau		S. 32
Lese-Fahrkarten Automatisierung durch wiederholtes Lesen Diese „Lese-Fahrkarten" sind eine motivierende Übungsform, um häufiges Erlesen der Übungswörter zu ermöglichen. Auf den Fahrkarten befinden sich Wörter oder kurze Sätze, welche die Kinder lesen. Wurden alle Wörter gelesen, wird die „Fahrkarte" mittels Locher gelocht (alternativ: eingerissen). So werden die Kinder zum wiederholten Lesen motiviert – bis alle Löcher der Fahrkarte gelocht wurden. Die Wortauswahl richtet sich nach den gängigen Grundwortschätzen und häufigen Stolperstellen beim Lesen. Durch das wiederholende Lesen werden diese Wörter gefestigt und die Stolperstellen gesichert. Die Wiederholungen lassen sich zu ritualisierten Zeiten einplanen.			**S. 33–39**
ARBEITSBLÄTTER:			
Lese-Fahrkarte – Häufige Wörter	Grundniveau		S. 33
Lese-Fahrkarte – Zusammengesetzte Nomen	Grundniveau		S. 34
Lese-Fahrkarte – Verb-Endungen	Grundniveau		S. 35
Lese-Fahrkarte – Zusammengesetzte Nomen	mittleres Niveau		S. 36
Lese-Fahrkarte – Verben im Präteritum	mittleres Niveau		S. 37
Lese-Fahrkarte – Verb-Endungen	mittleres Niveau		S. 38
Lese-Fahrkarte – Knifflige Sätze	hohes Niveau		S. 39
Lies, wie man schreibt Mit Pseudowörtern zum Silben-/Wortaufbau Bis auf wenige Ausnahmen lässt sich das richtige Erlesen anhand der korrekten Wortschreibung nachvollziehen. In diesem Kapitel liegt das Augenmerk auf dem Aufbau der Silben sowie auf der Länge der Vokale bzw. der Häufung der Konsonanten. Die „Sprache der Außerirdischen" (Pseudowörter) ermöglicht es den Kindern spielerisch, die Strukturen der deutschen Sprache zu entdecken und bewusst zu verinnerlichen. Dabei werden die analogen Übungen durch optionale, digitale Übungen ergänzt, bei denen die Kinder Audiodateien anhören und Fehler identifizieren können. Zu dieser Übungsform existiert stets auch eine analoge Alternative.			**S. 40–46**
ARBEITSBLÄTTER:			
Lies, wie man schreibt – Text			S. 40
Lies, wie man schreibt – Silben erlesen	Grundniveau		S. 41

Lies, wie man schreibt – Silben erlesen	*mittleres Niveau*		S. 42
Lies, wie man schreibt – Vokallänge	*Grundniveau*		S. 43/44
Lies, wie man schreibt – Vokallänge	*mittleres Niveau*		S. 45
Lies, wie man schreibt – Vorbausteine	*mittleres Niveau*		S. 46

Reime und Kontraste

S. 47–56

Wortgemeinsamkeiten erkennen

Über Reime lassen sich Gemeinsamkeiten der deutschen Sprache entdecken und anwenden. Diese Eigenschaft wird in diesem Kapitel aufgegriffen und mit den Kontrastpaaren ergänzt. Warum reimen sich Wörter? Was sind Kontrastpaare? Das bewusste Wissen darum ermöglicht es, Texte flüssiger und inhaltsadäquat zu erlesen.

ARBEITSBLÄTTER:

Reime und Kontraste – Reime lesen	*Grundniveau*		S. 47–49
Reime und Kontraste – Reimpaare finden	*Grundniveau*		S. 50
Reime und Kontraste – Reimpaare finden	*mittleres Niveau*		S. 51
Reime und Kontraste – Reimpaare finden	*mittleres Niveau*		S. 52
Reime und Kontraste – Kontrastpaare	*Grundniveau*		S. 53
Reime und Kontraste – Kontrastpaare	*mittleres Niveau*		S. 54
Reime und Kontraste – Reimpaar oder Kontrastpaar?	*Grundniveau*		S. 55
Reime und Kontraste – Reimpaar oder Kontrastpaar?	*mittleres Niveau*		S. 56

Lesen auf Satzebene

Lese-Wettrennen

S. 57–62

Lesegeschwindigkeit üben mit Sachtexten

Ein angemessenes Lesetempo steht für eine gute Lesefertigkeit. In diesem Kapitel liegt der Fokus auf dem raschen Lesen. Dabei wird gleichzeitig großer Wert auf das korrekte Lesen gelegt, um dem oberflächlichen, fehlerhaften Lesen entgegenzutreten. Die Sätze wurden dabei bewusst herausfordernd gewählt. In 2er-Arbeit gilt es, themenspezifische Sätze unter Zeitvorgabe fehlerfrei wiederzugeben.

Hinweise zum Inhalt

ARBEITSBLÄTTER:			
Lese-Wettrennen	*Grundniveau*		S. 57–59
Lese-Wettrennen	*mittleres Niveau*		S. 60/61
Lese-Wettrennen	*hohes Niveau*		S. 62

Lesen auf Textebene

Tandem-Lesen mit Sachtexten

S. 63–68

Eine Variante der kooperativen Lesemethode

Der recht enge körperliche Kontakt, wie ihn Kinder beim üblichen Tandem-Lesen haben, ist größeren Kindern häufig unangenehm. Diese Tandemvariante stellt eine Schifffahrt nach, bei welcher der Steuermann/die Steuerfrau vorn das Tempo vorgibt. Das Kind dahinter unterstützt im Hintergrund. Bewusst ersetzt diese Variante das kontrollierende Nachbarkind durch eine vertrauensvolle Unterstützung – mit angenehmer Distanz.
Optional kann das Tandem-Lesen via QR-Code mit einer „digitalen Steuerfrau" durchgeführt werden.

ARBEITSBLÄTTER:			
Tandem-Lesen mit Sachtexten	*Grundniveau*		S. 63–65
Tandem-Lesen mit Sachtexten	*mittleres Niveau*		S. 66–68

Stimmungsvoll lesen

S. 69–76

Möglichkeiten der Textwiedergabe herausarbeiten und anwenden

Neben dem flüssigen Lesen ist das gestaltende Lesen bezeichnend für gute Vorleser*innen. Der Inhalt gibt vor, um welche Stimmung es sich bei dem Text handelt. Das vorlesende Kind ordnet dem Text eine bestimmte Stimmung zu und spiegelt diese mithilfe seiner eigenen Stimme, der Betonung und des Lesetempos wider. Ist der Text gruselig, aufgeregt oder eher traurig zu interpretieren?
Einige Texte bieten die Option, diese via QR-Code als Audiodateien anzuhören und die Stimmung zu beurteilen.

ARBEITSBLÄTTER:			
Stimmungsvoll lesen – Überschriften	*Grundniveau*		S. 69/70
Stimmungsvoll lesen – Überschriften	*mittleres Niveau*		S. 71/72
Stimmungsvoll lesen – Stimmungen vergleichen	*mittleres Niveau*		S. 73/74
Stimmungsvoll lesen – Stimmungen vergleichen	*hohes Niveau*		S. 75/76

Hinweise zum Inhalt

Lesen wie im Theater Für Zuhörende einprägsam und verständlich vorlesen Das szenische Lesen ist als die höchste Stufe des Vorlesens zu verstehen. Neben der Vermeidung von Fehlern sind Betonung, Lesetempo, Anpassung der Stimme, das Setzen bewusster Pausen und das Spiel mit der Lautstärke wichtige Gestaltungselemente. In diesem Kapitel üben die Kinder, Texte entsprechend zu analysieren und zu bearbeiten, um sie schließlich szenisch vorzutragen. Auch hier besteht teils die Möglichkeit, via QR-Code Audiodateien zu den Texten anzuhören und zu beurteilen, wie diese vorgelesen wurden. Optional können die Kinder auch eigene Aufnahmen erstellen.			**S. 77–88**
ARBEITSBLÄTTER:			
Lesen wie im Theater – Spurensuche	*Grundniveau*		S. 77
Lesen wie im Theater – Spurensuche	*Grundniveau*		S. 78
Lesen wie im Theater – Spurensuche	*mittleres Niveau*		S. 79
Lesen wie im Theater – Spurensuche	*mittleres Niveau*		S. 80
Lesen wie im Theater – Grusel	*Grundniveau*		S. 81
Lesen wie im Theater – Grusel	*Grundniveau*		S. 82
Lesen wie im Theater – Grusel	*mittleres Niveau*		S. 83
Lesen wie im Theater – Grusel	*mittleres Niveau*		S. 84
Lesen wie im Theater – Geldscheinfund	*mittleres Niveau*		S. 85
Lesen wie im Theater – Geldscheinfund	*mittleres Niveau*		S. 86
Lesen wie im Theater – Geldscheinfund	*hohes Niveau*		S. 87
Lesen wie im Theater – Geldscheinfund	*hohes Niveau*		S. 88

Hinweis zum Download

Ihr persönlicher Zugang

Die im Buch enthaltenen **Audio-Dateien** (betrifft alle QR-Codes mit Ausnahme der Leseblitze) können Sie unter folgendem Link oder über das Einscannen des QR-Codes herunterladen: **cloud.verlagruhr.de/lerninhalt/OIwFnbbSWp9W/**

Passwort: fluessig-lesen

Zusätzlich finden Sie die Dateien auch zum unmittelbaren Abspielen via QR-Code direkt auf den Arbeitsblättern.

Es ist empfehlenswert, die Dateien zeitnah zum Kauf des Produkts herunterzuladen, da der angegebene Link und der QR-Code ihre Gültigkeit verlieren können. Sollte dies der Fall sein, wenden Sie sich bitte an **digitaleslernen@verlagruhr.de**.

Wissen, worauf es beim Lesen ankommt

1. Für wen lese ich eigentlich?

© nuzza11 – stock.adobe.com

© Robert Kneschke – stock.adobe.com

Ich kann für .... lesen

oder für .... vorlesen.

2. Was hilft mir, das Gelesene für mich allein besser zu verstehen?

....

....

....

© masterzphotofo – stock.adobe.com

3. Worauf kommt es beim Vorlesen für andere an?

....

....

....

....

....

....

© CoraMax – Shutterstock.com

Mit den Augen wahrnehmen

Augenübungen (1/2)

1. Verfolge den Weg der Biene nur mit deinen Augen.

2. Verfolge den Weg des Marienkäfers nur mit deinen Augen.

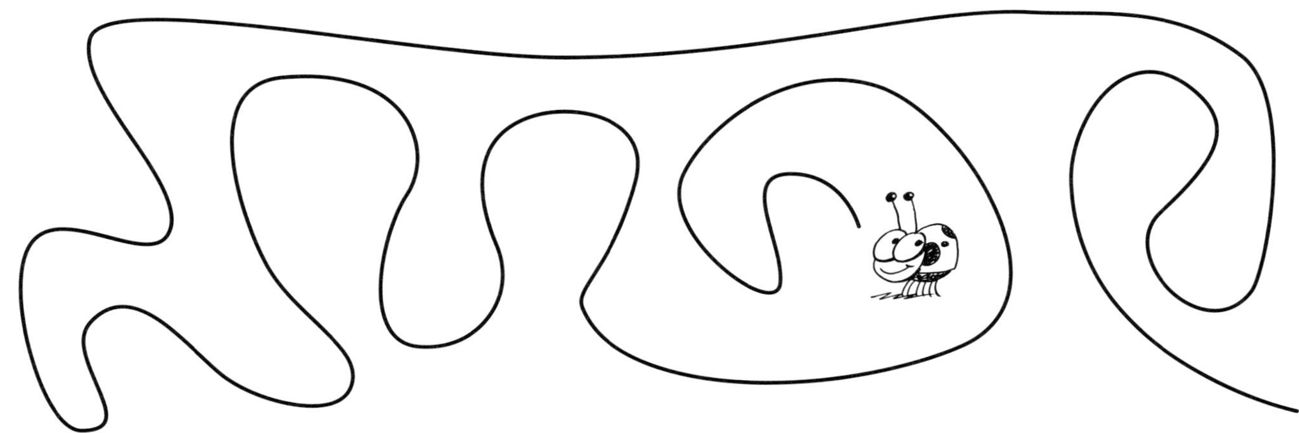

3. Verfolge den Weg der Maus nur mit deinen Augen.

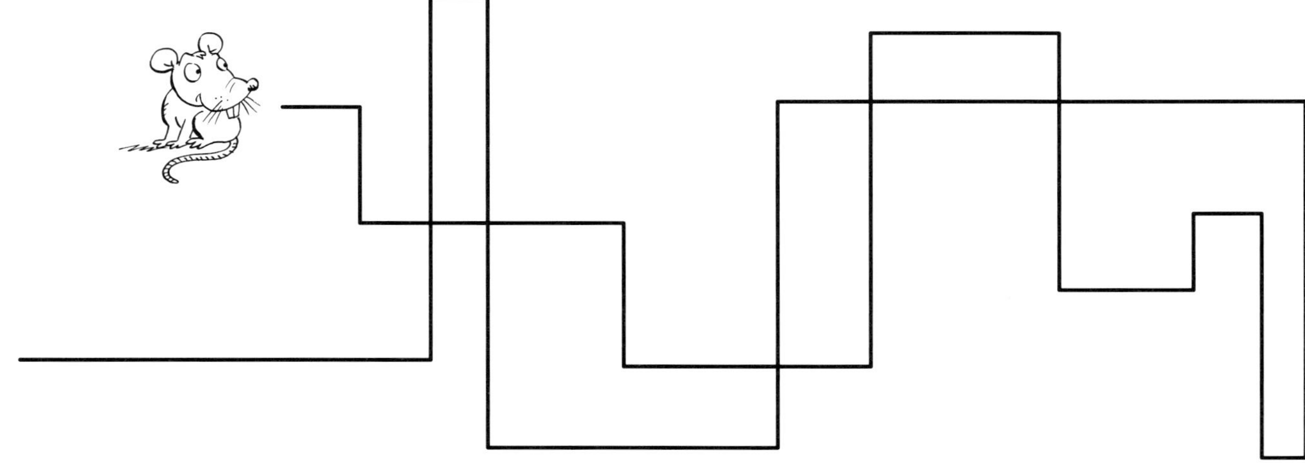

Mit den Augen wahrnehmen

Augenübungen (2/2)

1. a) Verbinde die gleichen Formen nur mit den Augen.
b) Sortiere nur mit den Augen alle Formen der Größe nach.

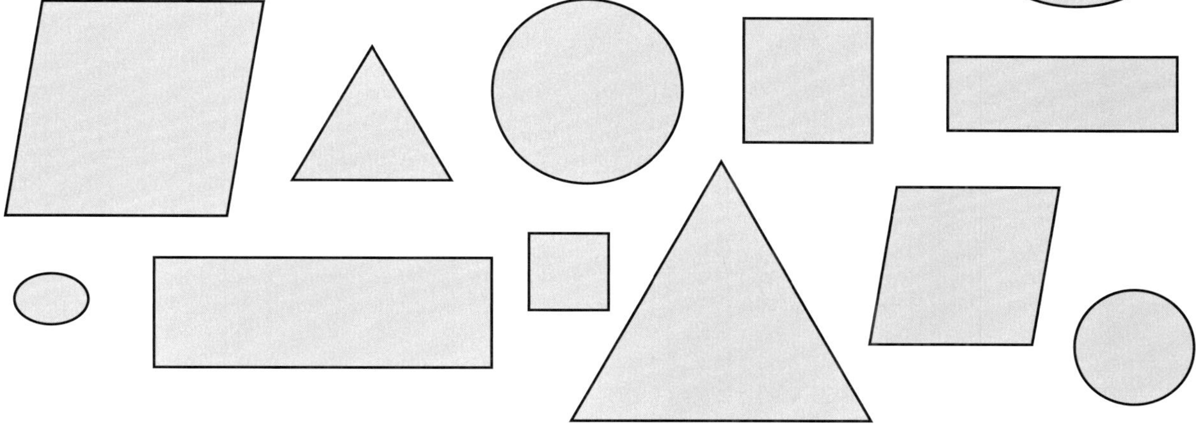

2. a) Finde mit den Augen die gleichen Strich-Kästchen.
b) Springe nur mit den Augen von einem Strich bis zu 5 Strichen. Finde verschiedene Möglichkeiten.

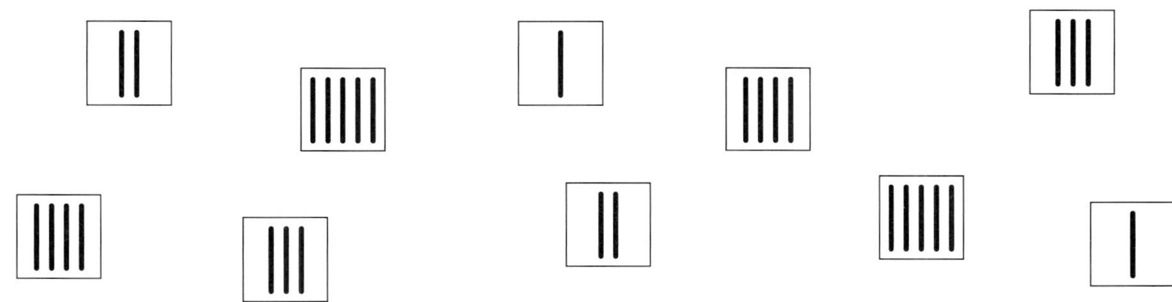

3. Hüpfe mit den Augen über die Blätter – von klein nach groß und wieder zurück. Versuche es 3-mal.

Mit den Augen wahrnehmen

Sätze bauen

Baue mindestens 3 kurze Sätze mit den Augen zusammen.
Du darfst die Wörter mehrmals verwenden. Lies laut.

Micha schenkt ein Mara kauft
mag sieht spannendes liest
schreibt Buch teures

ein Delfin Robbe im
Meer schwimmt taucht
Wasser auf eine

Forscher Höhle entdeckt
tiefe in Schlucht gefährliche
der eine der klettert dunkle

schießt ein Tor hart über die
Ball Spieler das den auf
wichtiges in Spielerin

Mit den Augen wahrnehmen

Lücken füllen (1/2)

Lies zuerst den Satz auf der linken Seite, dann den Satz rechts.
Fülle die Lücken mit deinen Augen.
Achtung: Aufgabe c ist etwas schwieriger!

a) Der Bär **liegt** unter einem Baum.	Der Bär .... unter einem Baum.
Der Bär **schnappt** nach einer Fliege.	Der Bär .... nach einer Fliege.
Der Bär geht **durch** das Tor.	Der Bär geht .... das Tor.
Der Bär **sonnt** sich am **Nachmittag**.	Der Bär .... sich am ....
Dabei **schläft** er ein.	Dabei .... er ein.
Er **träumt** von einem Honigfass.	Er .... von einem Honigfass.

---

b) Die Hunde **bellen** laut.	Die Hunde .... laut.
Die Hunde **springen** umher.	Die Hunde .... umher.
Die **Hunde** rennen über **die Wiese**.	Die .... rennen über ....
Die Hunde **entdecken** einen Knochen.	Die Hunde .... einen Knochen.
Die Hunde **spielen** in **großen Pfützen**.	Die Hunde .... in ....
Dabei **werden** sie ganz **nass**.	Dabei .... sie ganz ....

---

c) Meine Eltern lachen *miteinander.*	Meine Eltern lachen ....
Meine Eltern *streiten* sich.	Meine Eltern .... sich.
Meine Eltern spielen mit *mir.*	.... spielen mit ....
Meine Eltern *kochen* für mich.	Meine Eltern .... für mich.
Meine *Eltern* fahren mit mir *in den* Urlaub.	Meine .... fahren mit mir .... Urlaub.
Meine *Eltern sind* die besten!	Meine .... die besten!

Mit den Augen wahrnehmen

Lücken füllen (2/2)

Lies zuerst den Satz auf der linken Seite, dann den Satz rechts.
Fülle die Lücken mit deinen Augen.
Achtung: Aufgabe c ist etwas schwieriger!

a) Im Sommer ist es **heiß**.	Im Sommer ist es ....
Da hat das **Freibad** auf.	Da hat das .... auf.
Wir **schlecken** oft ein Eis.	Wir .... oft ein Eis.
Abends ist **es** noch **hell**.	Abends ist .... noch ....
Ich mag den **Sommer**!	.... mag den ....!
Da bin **ich** viel **draußen**.	Da bin .... viel ....

b) Der **Schnellzug** fährt auf Schienen.	Der .... fährt auf Schienen.
Das Flugzeug **fliegt** über den Atlantik.	Das Flugzeug .... über den Atlantik.
Die Motorräder rasen **über** die Berge.	Die Motorräder rasen .... die Berge.
Die Fahrräder sind **abgeschlossen**.	Die Fahrräder sind ....
Der Traktor **tuckert** über das Feld.	Der Traktor .... über das Feld.
Das Elektro-Auto wird **aufgeladen**.	Das Elektro-Auto wird ....

c) In der Bücherei *leiht* man Bücher *aus*.	In der Bücherei .... man Bücher ....
Dort *gibt* es auch *Comics*.	Dort .... es auch ....
In der *Bücherei* soll man *leise* sein.	In der .... soll man .... sein.
Ich *gehe* gern *in* die Bücherei.	Ich .... gern .... die Bücherei.
Am *liebsten* lese ich *Fantasiegeschichten*.	Am .... lese ich ....
Die *finde* ich *am* interessantesten.	Die .... ich .... interessantesten.

Mit den Augen wahrnehmen
Lücken füllen

1. Lies zuerst den Satz auf der linken Seite, dann den Satz rechts. Fülle die Lücken mit deinen Augen.

Unsere Lehrerin, *Frau* König,	Unsere Lehrerin, ... König,
ist *nett*.	ist ....
Sie *hilft* uns beim *Lesen*	Sie .... uns beim ....
und *erklärt* uns die Rechen*aufgaben*.	und .... uns die Rechen ....
In den Pausen *liest* sie uns	In den Pausen .... sie uns
Geschichten vor.	.... vor.
Sie überlegt sich *interessante* Aufgaben,	Sie überlegt sich .... Aufgaben,
die uns richtig *Spaß* machen!	.... uns richtig .... machen!

2. Lies zuerst den Satz oben, dann den Satz unten. Fülle die Lücken mit deinen Augen.

Natalia *räumt* ihr Zimmer auf.
Das muss *sie* machen, weil morgen der *Geburtstagsbesuch* kommt.
Dafür muss ihr *Zimmer* natürlich aufgeräumt sein – ist ja *klar*!
Also räumt *Natalia* auf:
Die *Socken* in die Wäsche, die *Bücher* ins Regal.
Die *dreckigen* Schuhe kommen in den *Keller*
und *das* alte Schokoladenosterei in den *Mund*. *Fertig*!

Natalia .... ihr Zimmer auf.
Das muss .... machen, weil morgen der .... kommt.
Dafür muss ihr .... natürlich aufgeräumt sein – ist ja .... !
Also räumt .... auf:
Die .... in die Wäsche, die .... ins Regal.
Die .... Schuhe kommen in den ....
und .... alte Schokoladenosterei in den ....!

Mit den Augen wahrnehmen
Lücken füllen

Fülle die Lücken mit deinen Augen.

Sehr .... Frau Mohamed,

mein .... ist Peters. Ich bin ....

an der .... in Altstadt.

.... einer Kollegin habe ich von Ihnen ....

Gern würde ich .... meiner Klasse in Ihr

.... für Kinder kommen.

.... behandeln .... im Unterricht das

.... „Feuer“.

Bieten .... auch dazu .... an?

Bitte .... Sie mir mit, wann wir einen Ausflug

zu .... machen können

und was es .... jedes .... kostet.

Ich werde mit .... Schülern und ....

und .... weiteren Begleitperson kommen.

Besteht auch die ...., mit den ....

Verkehrsmitteln anzureisen?

Ist in der .... ein .... , um

eine kleine Pause ....?

Mit freundlichen Grüßen
Margot Peters

Sehr geehrte Frau Mohamed,

mein Name ist Peters. Ich bin Lehrerin
an der Grundschule in Altstadt.

Von einer Kollegin habe ich von Ihnen gehört.

Gern würde ich mit meiner Klasse in Ihr

Experimentierlabor für Kinder kommen.

Derzeit behandeln wir im Unterricht das

Thema „Feuer“.

Bieten Sie auch dazu Experimente an?

Bitte teilen Sie mir mit, wann wir einen Ausflug

zu Ihnen machen können

und was es für jedes Kind kostet.

Ich werde mit 27 Schülern und Schülerinnen

und einer weiteren Begleitperson kommen.

Besteht auch die Möglichkeit, mit den öffentlichen

Verkehrsmitteln anzureisen?

Ist in der Nähe ein Spielplatz, um

eine kleine Pause einzulegen?

Mit freundlichen Grüßen
Margot Peters

Lesepizza
Anleitung

So geht's:

Stich mit der Spitze deines Bleistiftes in eine kleine Sicherheitsnadel, sodass der Bleistift genau im Mittelpunkt der Lesepizza steckt. Halte den Stift fest und schubse die Sicherheitsnadel mit dem Finger an.

Auf welchem Wort landet sie?
Lies es laut und fehlerfrei.
Wenn du das geschafft hast, bekommst du einen Punkt.

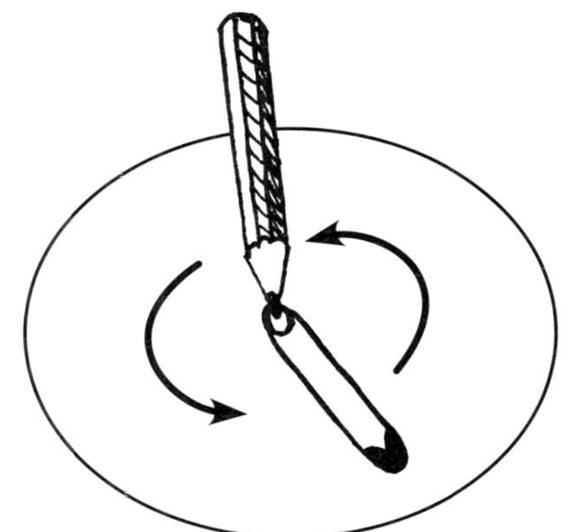

Landest du auf einem der beiden Lesemonster,
bekommen die Monster einen Punkt.

Wenn du alle Wörter gelesen hast, ist die Runde zu Ende.

Wer hat mehr Punkte: Du oder die Monster?

Weitere Übungen mit der Lesepizza:

Starte die Audiodatei mit dem QR-Code auf dem Arbeitsblatt.
Drehe die Sicherheitsnadel rasch auf das Wort, das genannt wird.
Schaffst du es, jedes Wort rechtzeitig zu erkennen?

Arbeite mit einem Partnerkind.
Das Kind sagt dir, wohin du die Sicherheitsnadel drehen musst.
Schaffst du es, die Wörter möglichst schnell zu erkennen?

Lesepizza

Ausschneidebogen (1/3)

Tausendfüßlerspuren

Tausendfüßlerrolle

Tausendfüßlerhöhle

Tausendfüßlerschuhe

Tausendfüßlerbeet

Tausendfüßlerfutter

Tausendfüßlerfotografie

Tausendfüßlerfamilie

QR-Code:

cloud.verlagruhr.de/lerninhalt/JNhbuWaZICtP/

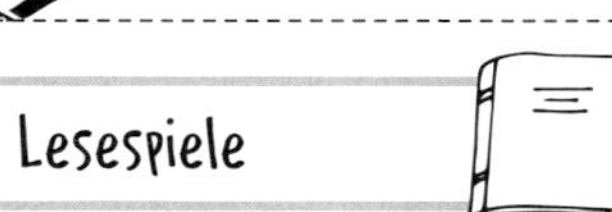

Lesespiele

Lesepizza

Ausschneidebogen (2/3)

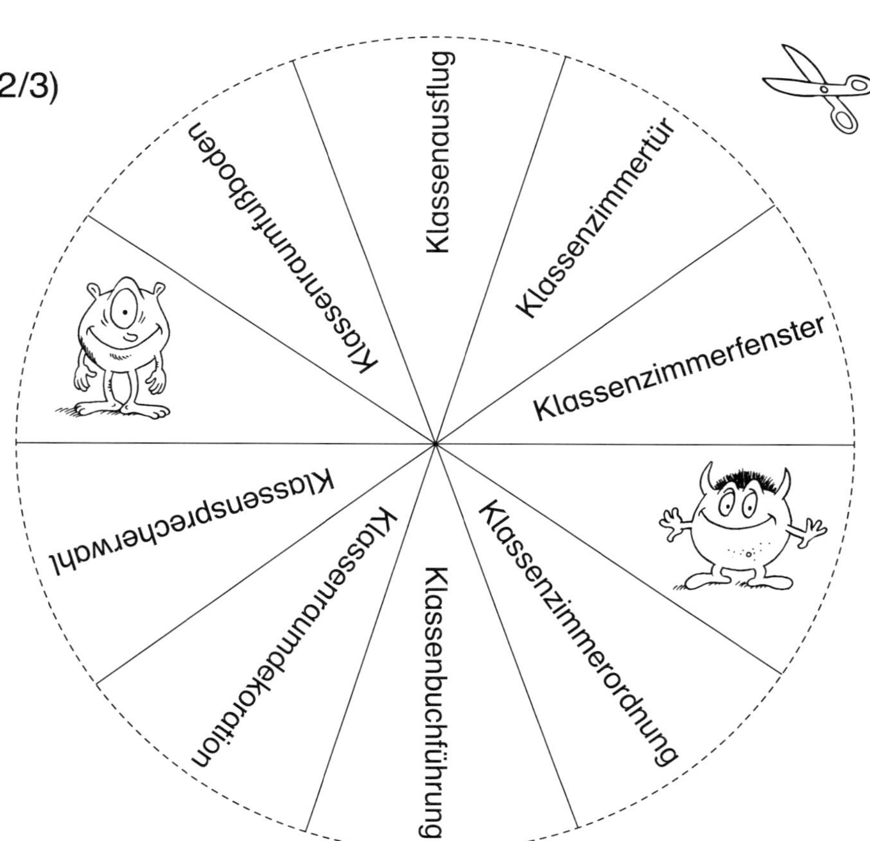

QR-Code:

cloud.verlagruhr.de/lerninhalt/wjLDzGu5IHHW/

Lesepizza

Ausschneidebogen (3/3)

Geburtstagskiste

Geburtstagsparty

Geburtstagskerzen

Geburtstagseinladung

Geburtstagslied

Geburtstagsgeschenke

Geburtstagskuchen

Geburtstagsluftballons

QR-Code:

cloud.verlagruhr.de/lerninhalt/geLUcsZw6WWb/

Lesepizza

Ausschneidebogen (1/3)

Ochsenwagenachsen

Eidechsenfressen

Dachsbaulöcher

Sechsermannschaft

Luchsschwanzpelz

Fuchswelpenschnauze

Eidechsenplatzwechsel

Sechserfuchsquatsch

QR-Code:

cloud.verlagruhr.de/lerninhalt/msLV2IcfAUTQ/

Lesepizza

Ausschneidebogen (2/3)

- Weihnachtsgottesdienst
- Weihnachtsbaumkerzen
- Weihnachtsvorfreude
- Weihnachtskugelglas
- Weihnachtsmannmütze
- Weihnachtsmarktstände
- Weihnachtsengelflügel
- Weihnachtsbaumlametta

cloud.verlagruhr.de/lerninhalt/EJXIzkZ8QVMc/

QR-Code:

Lesespiele

Lesepizza

Ausschneidebogen (3/3)

- Lieblingskapuzenpulli
- Lieblingseisbecher
- Lieblingsjahreszeit
- Lieblingsreiseziel
- Lieblingsdschungeltier
- Lieblingsfilmmusik
- Lieblingsspielzeugauto
- Lieblingsabendessen

cloud.verlagruhr.de/lerninhalt/7NADfPv2BQNK/

QR-Code:

Leseblitz
Anleitung

So geht's:

1. Schneide aus farbigem DIN-A4-Papier eine Fensterklappe aus. Nutze dazu die Schablone unten: Übertrage den Umriss auf das farbige Papier. Schneide dann an den gestrichelten Linien ein. Klappe die entstandene „Fensterklappe" auf.
2. Lege das Fenster über die Worttabelle.
3. Öffne die Fensterklappe und lies das Wort leise. Merke es dir.
4. Schließe die Klappe und sprich das Wort laut aus.
5. Verschiebe das Papier und öffne die Fensterklappe erneut für das nächste Wort …

So sieht eine fertige Fensterklappe aus:

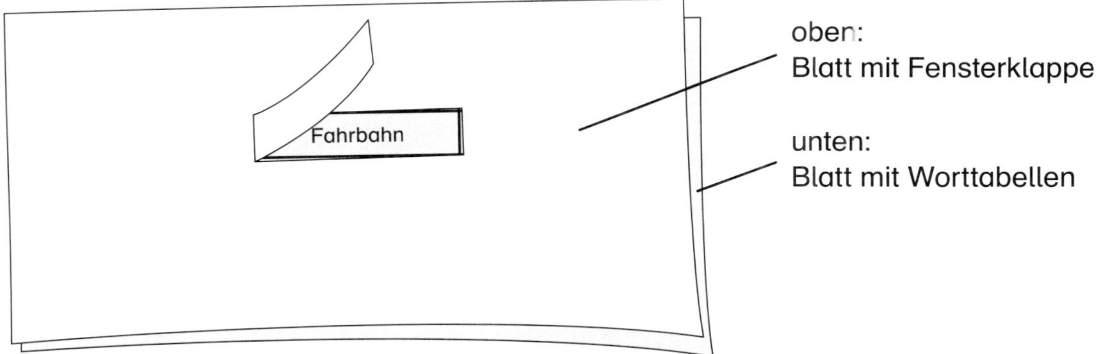

Schablone für die Fensterklappe:

Leseblitz
Worttabellen

Verben

er sang	sie ging	er gab
es hing	sie las	er fing
sie erschrak	er trank	sie fand
es stank	er sprang	es klang

Nomen

Fahrzeug	Ausfahrt	Gefahr
Müllabfuhr	Fahrbahn	Fahrrad
Vorfahrt	Umfahrung	Abfahrt
Fahrverbot	Rückfahrt	Fuhrwerk

Häufige Wörter

trotzdem	zuletzt	während
schließlich	endlich	weil
plötzlich	nämlich	obwohl
daraufhin	zwischen	gleichzeitig

Leseblitz

Worttabellen (1/3)

Verben

saß	schießt	grüßt
weiß	aßen	schließt
verließen	beschließt	genießen

★ **Zusatz-Aufgabe:** Sage dazu eine passende Personalform (zum Beispiel: ***er*** *saß*).

Nomen

Spielplatz	Fußballschuhe	Fußbälle
Fußballplatz	Fußball	Fußballschuh
Spielzeuge	Spielplätze	Spielzeug

★ **Zusatz-Aufgabe:** Sage *mein/meine* bei Wörtern in der Einzahl oder *viele* bei Wörtern in der Mehrzahl (zum Beispiel: ***mein*** *Fußball*/***viele*** *Fußbälle*).

Häufige Wörter

ihm	ihr	ihn
ihrem	ihre	ihren
ihn	ihnen	ihr

★ **Zusatz-Aufgabe:** Sage einen Satz, in dem das Wort vorkommt (zum Beispiel: *Ich gebe ihm einen Stift.*).

Leseblitz

Worttabellen (2/3)

Verben

ließ	nahm	vergaß
fuhren	schriebst	schwamm
lief	trank	fielen
sahen	grub	zogt

★ **Zusatz-Aufgabe:**

a) Sage dazu eine passende Personalform (zum Beispiel: ***sie** ließ*).

b) Sprich das Verb in der Grundform (zum Beispiel: ***lassen***).

Adjektive

hungrig	trotzig	klapprig
mutig	traurig	rostig
neugierig	witzig	lustig

★ **Zusatz-Aufgabe:** Bilde die 1. Vergleichsform (zum Beispiel: *hungriger*).

Häufige Wörter

trotzdem	zuletzt	während
schließlich	allein	weil
plötzlich	nämlich	obwohl

★ **Zusatz-Aufgabe:** Bilde einen Satz (zum Beispiel: *Ich war allein zu Hause.*).

Leseblitz
Worttabellen (3/3)

Verben

bog	lag	zogt
blies	trugen	hob
wog	logen	flogst
last	gab	blieben

★ **Zusatz-Aufgabe:**
a) Sage dazu eine passende Personalform (zum Beispiel: ***er** bog*).
b) Sprich das Verb im Perfekt (zum Beispiel: *Er ist **gebogen**/ Sie hat **gelegen***).

Adjektive

empfindlich	ängstlich	dämlich
freundlich	sachlich	friedlich
glücklich	verständlich	herzlich

★ **Zusatz-Aufgabe:** Bilde die 1. Vergleichsform (zum Beispiel: *herzlicher*).

Häufige Wörter

…, dass	euer	vor allem
sondern	niemals	seit gestern
wirklich	immer	ein bisschen

★ **Zusatz-Aufgabe:** Bilde einen Satz (zum Beispiel: *Ich weiß, **dass** es schon spät ist.*).

Leseblitz

Gemischte Übungen

Bewegungsblitz

Scanne den QR-Code. Starte die Präsentation. Stelle dich hin.

1. Runde: Drehe dich im Kreis, wenn du einen zutreffenden Begriff liest.

2. Runde: Mache eine Kniebeuge, wenn du einen zutreffenden Begriff liest.

3. Runde: Springe hoch, wenn du einen zutreffenden Begriff liest.

QR-Code:

cloud.verlagruhr.de/lerninhalt/c8vddxT02M9u/

Streichblitz

1. Lies die Tabelle. Scanne danach den QR-Code. Starte die Präsentation. Streiche die Verben durch, die du in der Präsentation liest.

spielen	kocht	gehen
lacht	geht	lese
denken	lachen	koche
lesen	spielst	denke

QR-Code:

cloud.verlagruhr.de/lerninhalt/XDnN91BhBIGa/

2. Lies die Tabelle. Scanne danach den QR-Code. Starte die Präsentation. Streiche die Nomen durch, die du in der Präsentation liest.

Hunger	Angst	Freude
Mut	Sicherheit	Fantasie
Gedanke	Kampf	Erinnerung

QR-Code:

cloud.verlagruhr.de/lerninhalt/YitgfurdbBFr/

3. Lies die Tabelle. Scanne danach den QR-Code. Starte die Präsentation. Streiche die Wörter durch, die du in der Präsentation liest.

nichts	zum	doch
während	jetzt	zwar
plötzlich	nicht	bald

QR-Code:

cloud.verlagruhr.de/lerninhalt/ICyd8DhR6SkA/

Leseblitz

Nomen

Bewegungsblitz

Scanne den QR-Code. Starte die Präsentation. Stelle dich hin.

1. Runde: Drehe dich im Kreis, wenn du einen zutreffenden Begriff liest.

2. Runde: Mache eine Kniebeuge, wenn du einen zutreffenden Begriff liest.

3. Runde: Springe hoch, wenn du einen zutreffenden Begriff liest.

QR-Code:

cloud.verlagruhr.de/lerninhalt/S5OqdxYTGBi2/

Streichblitz

1. **Lies die Tabelle. Scanne danach den QR-Code. Starte die Präsentation. Streiche die Nomen durch, deren Wortfamilie du in der Präsentation liest.**

Hütte	Forscher	Kamerad
Lampe	Hüte	Ampel
Kamera	Wissen	Frosch

QR-Code:

cloud.verlagruhr.de/lerninhalt/9yLkTOvPpqXb/

2. **Lies die Tabelle. Scanne danach den QR-Code. Starte die Präsentation. Streiche die Nomen durch, deren Wortfamilie du in der Präsentation liest.**

Gesundheit	Fröhlichkeit	Mannschaft
Erklärung	Verwandtschaft	Versöhnung
Grausamkeit	Traurigkeit	Freundschaft

QR-Code:

cloud.verlagruhr.de/lerninhalt/Ow8M4aYWrDXR/

3. **Lies die Tabelle. Scanne danach den QR-Code. Starte die Präsentation. Streiche die Nomen durch, deren Wortfamilie du in der Präsentation liest.**

Fahrräder	Luchse	Städte
Pfoten	Flugzeuge	Stempel
Straßen	Plätze	Schüsseln
Füchse	Schwestern	Muscheln

QR-Code:

cloud.verlagruhr.de/lerninhalt/NT2jfXGwo7So/

Leseblitz
Verben

Bewegungsblitz

cloud.verlagruhr.de/lerninhalt/ftVFtkox9iAL/

Scanne den QR-Code. Starte die Präsentation. Stelle dich hin.

1. Runde: Drehe dich im Kreis, wenn du einen zutreffenden Begriff liest.

2. Runde: Mache eine Kniebeuge, wenn du einen zutreffenden Begriff liest.

3. Runde: Springe hoch, wenn du einen zutreffenden Begriff liest.

Streichblitz

1. Lies die Tabelle. Scanne danach den QR-Code. Starte die Präsentation. Streiche die Verben durch, deren Wortfamilie du in der Präsentation liest.

backen	ziehen	lesen
fliehen	riechen	vergessen
denken	schweigen	wünschen

cloud.verlagruhr.de/lerninhalt/CkE1CDdB7YcA/

2. Lies die Tabelle. Scanne danach den QR-Code. Starte die Präsentation. Streiche die Verben durch, deren Wortfamilie du in der Präsentation liest.

umdrehen	verlieren	abrutschen
vorsingen	aufdecken	loslassen
vertauschen	wegnehmen	zusammenpacken

cloud.verlagruhr.de/lerninhalt/kxvV8RCIHKMA/

3. Lies die Tabelle. Scanne danach den QR-Code. Starte die Präsentation. Streiche die Verben durch, deren Wortfamilie du in der Präsentation liest.

rief	zog	aß
riss	fing	goss
floss	fraß	fand
schlief	ging	sah

cloud.verlagruhr.de/lerninhalt/X7KRM72Kdu91/

Leseblitz
Adjektive

Bewegungsblitz

Scanne den QR-Code. Starte die Präsentation. Stelle dich hin.

<u>1. Runde:</u> Drehe dich im Kreis, wenn du einen zutreffenden Begriff liest.

<u>2. Runde:</u> Mache eine Kniebeuge, wenn du einen zutreffenden Begriff liest.

<u>3. Runde:</u> Springe hoch, wenn du einen zutreffenden Begriff liest.

QR-Code:

cloud.verlagruhr.de/lerninhalt/GiqMe9aXJjLh/

Streichblitz

1. Lies die Tabelle. Scanne danach den QR-Code. Starte die Präsentation. Streiche die <u>Adjektive</u> durch, deren <u>Wortfamilie</u> du in der Präsentation liest.

klein	hell	alt
faul	groß	neu
leise	lahm	laut

QR-Code:

cloud.verlagruhr.de/lerninhalt/9YUr7SK5pVnj/

2. Lies die Tabelle. Scanne danach den QR-Code. Starte die Präsentation. Streiche die <u>Adjektive</u> durch, deren <u>Wortfamilie</u> du in der Präsentation liest.

mächtig	lustig	hungrig
kitzelig	putzig	neugierig
durstig	dreckig	witzig

QR-Code:

cloud.verlagruhr.de/lerninhalt/7FF6JKOuFcV1/

3. Lies die Tabelle. Scanne danach den QR-Code. Starte die Präsentation. Streiche die <u>Adjektive</u> durch, deren <u>Wortfamilie</u> du in der Präsentation liest.

teurer	schneller	älter
fauler	fleißiger	neuer
leiser	lahmer	lauter
billiger	größer	kleiner

QR-Code:

cloud.verlagruhr.de/lerninhalt/MKRK9AF2FxJv/

Leseblitz

Häufige Wörter

Bewegungsblitz

QR-Code:

cloud.verlagruhr.de/lerninhalt/w0xfbdcm3OF3/

Scanne den QR-Code. Starte die Präsentation. Stelle dich hin.

1. Runde: Drehe dich im Kreis, wenn du einen zutreffenden Begriff liest.

2. Runde: Mache eine Kniebeuge, wenn du einen zutreffenden Begriff liest.

3. Runde: Springe hoch, wenn du einen zutreffenden Begriff liest.

Streichblitz

1. Lies die Tabelle. Scanne danach den QR-Code. Starte die Präsentation. Streiche die Wörter durch, die du in der Präsentation liest.

hinter	zwischen	daneben
über	davor	unter
dahinter	dazwischen	darüber

QR-Code:

cloud.verlagruhr.de/lerninhalt/aNVuqoQsPh62/

2. Lies die Tabelle. Scanne danach den QR-Code. Starte die Präsentation. Streiche die Wörter durch, die du in der Präsentation liest.

ihn	ihm	ihnen
ihre	ihr	ihren
ihrem	ihres	ihrer

QR-Code:

cloud.verlagruhr.de/lerninhalt/9mRFcWC09L8c/

3. Lies die Tabelle. Scanne danach den QR-Code. Starte die Präsentation. Streiche die Wörter durch, die du in der Präsentation liest.

plötzlich	jetzt	schließlich
gleichzeitig	schlussendlich	daraufhin
somit	einmalig	trotzdem

QR-Code:

cloud.verlagruhr.de/lerninhalt/NCEablIUsj7v/

Lese-Fahrkarte
Häufige Wörter

Schneide die Lese-Fahrkarte entlang der gestrichelten Linien aus.
Lies alle Wörter besonders deutlich. Immer wenn du <u>alle</u> Begriffe gelesen hast, darfst du deine Fahrkarte mit einem Locher 1-mal an einem der Kreise lochen.

○	PLÖTZLICH	JETZT	EIN BISSCHEN	ZWISCHENDURCH	○
○	AUF EINMAL	NACHDEM	ZUERST	HÄUFIG	○
○	ENDLICH	WÄHREND	BESONDERS	WIRKLICH	○
○	SCHLIEẞLICH	WÄHRENDDESSEN	GÄNZLICH	NÄMLICH	○
○	SPÄTER	OHNE	ZWISCHEN	IMMER	○

Lese-Fahrkarte

Zusammengesetzte Nomen

Schneide die Lese-Fahrkarte entlang der gestrichelten Linien aus.
Lies alle Wörter besonders deutlich. Immer wenn du <u>alle</u> Begriffe gelesen hast, darfst du deine Fahrkarte mit einem Locher 1-mal an einem der Kreise lochen.

○	Geburtstag	Frühsommer	Rauchqualm	Schneckenhaus	○
○	Geburtstags- geschenk	Frühlingssonne	Quatschmacher	Schneckenspur	○
○	Kindergeburtstag	Frühblüher	Quakgeräusch	Schneckenrennen	○
○	Geburtstags- einladungen	Frühlingswetter	Quatschgeschichten	Waldschnecke	○
○	Geburtstagskuchen	Frühstücksei	Sahnequark	Schneckenschleim	○

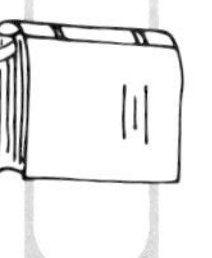

Lese-Fahrkarte

Verben-Endungen

Schneide die Lese-Fahrkarte entlang der gestrichelten Linien aus.
Lies alle Wörter besonders deutlich. Immer wenn du alle Sätze gelesen hast, darfst du deine Fahrkarte mit einem Locher 1-mal an einem der Kreise lochen.

○					○
○	Du fährst.	Sie umfährt den Stau.	Du erfährst von mir nichts.	Ihr wollt klettern?	○
○	Du spielst viel.	Sie fahren zu schnell.	Sie verspielte ihren Gewinn.	Der Zug fährt ab.	○
○	Er fährt es um.	Er kletterte hinauf.	Ich klettere hier durch.	Ich habe mit ihm gespielt.	○
○	Wir kletterten hinunter.	Wir fahren die Strecke ab.	Er ist hier durchgeklettert.	Du fährst ohne mich.	○
○	Ich fahre heim.	Wir kletterten zusammen.	Ich erfuhr die Nachricht heute.	Du bist toll geklettert.	○

Lese-Fahrkarte

Zusammengesetzte Nomen

**Schneide die Lese-Fahrkarte entlang der gestrichelten Linien aus.
Lies alle Wörter besonders deutlich. Immer wenn du <u>alle</u> Begriffe gelesen hast, darfst du deine Fahrkarte mit einem Locher 1-mal an einem der Kreise lochen.**

○	Knopflochstiche	Anfangsfehler	Kreuzungs- verkehr	Quadrat- zeichnung	○
○	Hitzeschock	Centmünzen	Wirklichkeits- verlust	Rechnungs- überprüfung	○
○	Geschenk- körbchen	Erklärungsnot	Verwandtschafts- fest	Nachmittags- schläfchen	○
○	Dachsbauten	Hoffnungs- schimmer	Höhlen- versteck	Obst- teller	○
○	Briefträgerfahrrad	Gesundheits- check	Zeugnis- verleihung	Hoffnungs- schimmer	○

Lese-Fahrkarte

Verben im Präteritum

Schneide die Lese-Fahrkarte entlang der gestrichelten Linien aus.
Lies alle Wörter besonders deutlich. Immer wenn du <u>alle</u> Begriffe gelesen hast, darfst du deine Fahrkarte mit einem Locher 1-mal an einem der Kreise lochen.

○					○
○	Er **flog** über das Meer.	Du **kamst** zu spät nach Hause.	Du **gingst** nach Hause.	Sie **wog** den Zucker **ab**.	○
○	Du **fingst** einen Fisch.	Ich **las** eine Zeitschrift.	Die Freunde **halfen** sich gegenseitig.	Voller Freude **sprang** er in die Luft.	○
○	Quentin **fand** eine Feuerqualle.	Xenia **erfand** ein Spiel.	Ich **lud** meine Freunde **ein**.	Hungrig **aß** er vom Festmahl.	○
○	Zusammen **gruben** wir ein Loch.	Er **fuhr** mit dem Auto **davon**.	Ich **buk** einen Kuchen.	Quirin **lud** den Kofferraum **voll**.	○
○	Xalia **wuchs** besonders schnell.	Der Apfel **fiel** vom Baum.	Caesar **befahl**, zu kämpfen.	Er **bog** mit dem Fahrrad falsch **ab**.	○

Lese-Fahrkarte

Verb-Endungen

Schneide die Lese-Fahrkarte entlang der gestrichelten Linien aus.
Lies alle Wörter besonders deutlich. Immer wenn du <u>alle</u> Begriffe gelesen hast, darfst du deine Fahrkarte mit einem Locher 1-mal an einem der Kreise lochen.

○					○
○	Du **sinkst**.	Das Boot **sinkt**.	Wir **sinken** nicht.	Du **sinkst** mit mir.	○
○	Du **schmeckst** es.	Es **schmeckte** nicht.	Es **schmeckte** gut.	Er **schmeckt** nichts.	○
○	Er **müsste** gewinnen.	Ich **musste** gehen.	Es **musste** geschehen.	Wir **müssten** schon da sein.	○
○	Ich **lass** dich **los**.	Sie **lässt** mich in Ruhe.	Sie **lassen** uns gehen.	**Lässt** du mich?	○
○	Sie **kratzte** sich am Kopf.	Ich **kratze** nie!	Du **kratzt** niemanden!	**Kratzte** er dich?	○

Lese-Fahrkarte

Knifflige Sätze

Schneide die Lese-Fahrkarte entlang der gestrichelten Linien aus. Lies alle Wörter besonders deutlich. Immer wenn du <u>alle</u> Begriffe gelesen hast, darfst du deine Fahrkarte mit einem Locher 1-mal an einem der Kreise lochen.

○	Die Hexe hext herzlich.	Im Aquarium quellt eine kleine Quelle.	Ich weiß, wie du heißt.	Erst hetzte sie und jetzt verletzt sie sich.	○
○	Der Luchs wächst geschwind.	Du frühstückst gern ein frisches Frühstücksei.	Nie fliegen viele Fliegen.	Vielleicht versteht Vadim viel!	○
○	Eine Qualle flitzt durchs Wasser.	Wer ehrlich ist, der wird geehrt.	Katzen kratzen sich an ihren Tatzen.	Vergessliche vergessen versehentlich viel.	○
○	Ein Schriftzug wird flink eingeritzt.	Geimpfte wurden schon geimpft.	Er packte ein eckiges Päckchen.	Langsam läuft er längs der Ahr.	○
○	Er erschrickt schrecklich über eine schreckliche Entdeckung.	Lottas Laster ist leider kaputt.	Wenigstens windet es wenig.	Ohne Helm fährt es sich mit dem Fahrrad gefährlich.	○

Lies, wie man schreibt
Text

INFO

In der **geschlossenen Silbe** spricht man den Vokal kurz.
Hier ist der Vokal von Konsonanten umgeben:

schwim men   tan zen   springt   sprit zen   Hand

In der **offenen Silbe** spricht man den Vokal/Zwielaut lang.
Hier endet die Silbe mit dem Vokal/Zwielaut.

lau fen   Glä ser   La den   Tü te   se hen   glau ben

**1. Lies den Text mehrmals laut, bis du ihn sicher beherrschst.
Achte beim Lesen auf die Silben und Konsonanten.**

Sprechen mit Außerirdischen

Professor Pfeifer fliegt mit einem Raumschiff ins Weltall. Dort trifft er auf ein außerirdisches Wesen, mit dem er in einer ungewöhnlichen Sprache spricht …

„Klamumba!“, murmelte das Wesen geheimnisvoll. „Ranin garinda, musumbeki allolinde. Xalandra fruima paranina, usalo.“
„Wasebuna?“, fragte der Professor neugierig. „Sorana lenebari musumbeka.“
Das Wesen stimmte ihm eifrig zu: „Klabuni holana. Agara sasseuna hareba.“
„Ra ra“, erwiderte der Professor und wirkte dabei sehr nachdenklich.

**2. Worüber haben die beiden wohl gesprochen?
Schreibe deine Ideen auf.**

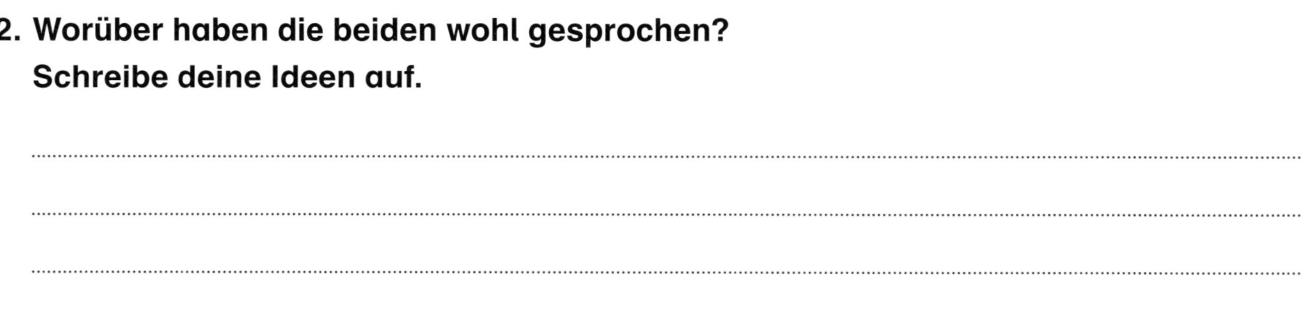

Lies, wie man schreibt

Silben erlesen

Außerirdische lesen Deutsch

1. Lies diese Wörter sehr deutlich und laut.

Kuchen	Hecke	Lampe
Jacke	Pflaster	Berge
Menschen	Kiste	Garten
du denkst	er frisst	du kommst

2. Scanne den QR-Code.
Höre, wie die Außerirdischen die Wörter lesen.

QR-Code:

cloud.verlagruhr.de/lerninhalt/J3Df0OgJSpNs/

3. 4 Wörter wurden falsch gelesen. Hörst du, welche?
Streiche sie durch!

Du liest Außerirdisch

1. Lies diese Wörter in der Sprache der Außerirdischen sehr deutlich und laut.

Latmu	Dero	Dorle
Klele	Palo	Oso
Rona	Bulma	Mena

2. Scanne den QR-Code.
Höre, wie die Außerirdischen die Wörter lesen.

QR-Code:

cloud.verlagruhr.de/lerninhalt/4WrCi1k3GKle/

3. 2 Wörter wurden falsch gelesen. Hörst du, welche?
Streiche sie durch!

Keine Möglichkeit, den QR-Code zu scannen?

Dann arbeite mit einem Partnerkind.

Lies mit Absicht 2 Wörter falsch vor. Erkennt sie dein Partnerkind?
Wechselt euch ab.

Lies, wie man schreibt

Silben erlesen

Außerirdische lesen Deutsch

1. Lies diese Wörter sehr deutlich und laut.

Fahrräder	Schlüsselbrett	Eisbecher
Jäckchen	Geheimnisse	Räuberhöhle
Arztbesuch	Kleidung	Burgfräulein
du fängst	er rechnete	ich konnte

2. Scanne den QR-Code.
Höre, wie die Außerirdischen die Wörter lesen.

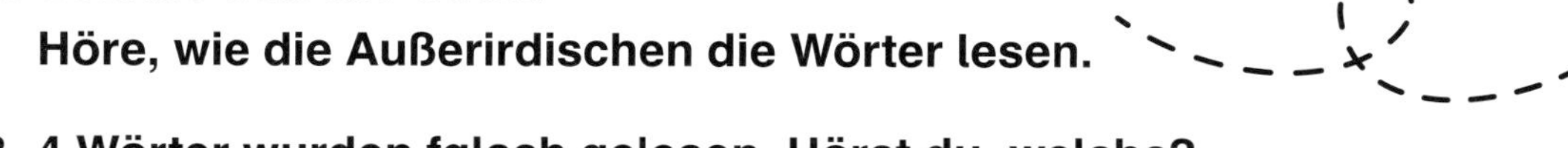

QR-Code:

cloud.verlagruhr.de/lerninhalt/CuYnBjc8dGex/

3. 4 Wörter wurden falsch gelesen. Hörst du, welche?
Streiche sie durch!

Du liest Außerirdisch

1. Lies diese Wörter in der Sprache der Außerirdischen sehr deutlich und laut.

Mawu	Katmer	Kumera
Lepo	Ella	Gillo
Zumum	Opulla	Kammo

2. Scanne den QR-Code.
Höre, wie die Außerirdischen die Wörter lesen.

QR-Code:

cloud.verlagruhr.de/lerninhalt/QpxKMsxrqm2A/

3. 3 Wörter wurden falsch gelesen. Hörst du, welche?
Streiche sie durch!

Keine Möglichkeit, den QR-Code zu scannen?

Dann arbeite mit einem Partnerkind.

Lies mit Absicht 2 Wörter falsch vor. Erkennt sie dein Partnerkind? Wechselt euch ab.

Lies, wie man schreibt

Vokallänge (1/2)

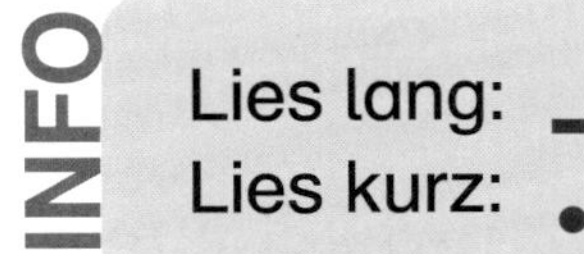

Außerirdische lesen Deutsch

1. Lies diese Wörter sehr deutlich und laut.

lesen	lustig	ziehen
beißen	viele	stehen
Daumen	denken	tanken
gehen	husten	grüßen

2. Scanne den QR-Code.
Höre, wie die Außerirdischen die Wörter lesen.

QR-Code:

cloud.verlagruhr.de/lerninhalt/NL5lUmJv2FFz/

3. 4 Wörter wurden falsch gelesen. Hörst du, welche?
Streiche sie durch!

Du liest Außerirdisch

1. Lies diese Wörter in der Sprache der Außerirdischen sehr deutlich und laut. Achte auf die Vokallänge der 1. Silbe.

Mawu	Katmer	Mera
Lepo	Fema	Gillo
Zaffo	Puka	Kammo

2. Scanne den QR-Code.
Höre, wie die Außerirdischen die Wörter lesen.

cloud.verlagruhr.de/lerninhalt/oBgh5ZTPp7CA/

3. 2 Wörter wurden falsch gelesen. Hörst du, welche?
Streiche sie durch!

Keine Möglichkeit, den QR-Code zu scannen?

Dann arbeite mit einem Partnerkind.
Lies mit Absicht 2 Wörter falsch vor. Erkennt sie dein Partnerkind?
Wechselt euch ab.

Lies, wie man schreibt

Vokallänge (2/2)

INFO
Lies lang: ▬
Lies kurz: •

Außerirdische lesen Deutsch

1. **Schau die Wörter an. Kennzeichne die Vokale der 1. Silbe: ein Punkt für einen kurzen, ein Strich für einen langen Vokal.**

2. **Lies die Wörter sehr deutlich und laut.**

Klappe	Ofen	er rannte
Wasser	Sonne	Kamm
Hütte	ich flog	Fußball

3. **Scanne den QR-Code. Höre, wie die Außerirdischen die Wörter lesen.**
4. **3 Wörter wurden falsch gelesen. Hörst du, welche? Streiche sie durch!**

QR-Code:

cloud.verlagruhr.de/lerninhalt/w2nbSdRKoiSn/

Du liest Außerirdisch

1. **Lies die Wörter in der Sprache der Außerirdischen sehr deutlich und laut. Achte auf die Vokallänge der 1. Silbe.**

Kleppe	rinte	Musso
Ofan	fla	kolta
Müte	Rabba	Gofall

2. **Scanne den QR-Code. Höre, wie die Außerirdischen die Wörter lesen.**
3. **2 Wörter wurden falsch gelesen. Hörst du, welche? Streiche sie durch!**

cloud.verlagruhr.de/lerninhalt/mLwnWPMb6uqZ/

Keine Möglichkeit, den QR-Code zu scannen?

Dann arbeite mit einem Partnerkind.
Lies mit Absicht 2 Wörter falsch vor. Erkennt sie dein Partnerkind? Wechselt euch ab.

Lies, wie man schreibt

Vokallänge

INFO
Lies lang: ▬
Lies kurz: •

Außerirdische lesen Deutsch

1. **Schau die Wörter an. Kennzeichne die Vokale der 1. Silbe: ein Punkt für einen kurzen, ein Strich für einen langen Vokal.**
2. **Lies die Wörter sehr deutlich und laut.**

leben	hastig	liegen
reißen	niedlich	Füße
Pflaume	Kiste	schenken

3. **Scanne den QR-Code. Höre, wie die Außerirdischen die Wörter lesen.**
4. **3 Wörter wurden falsch gelesen. Hörst du, welche? Streiche sie durch!**

QR-Code:

cloud.verlagruhr.de/lerninhalt/x6xkqwZmww9R/

Du liest Außerirdisch

1. **Lies die Wörter in der Sprache der Außerirdischen sehr deutlich und laut. Achte auf die Vokallänge der betonten Silbe.**

Mawuwie	Katterimmo	Kumera
Lolinna	Hoffarela	Gifforum
Zumumbasa	Blubberumsa	Kannerossa

2. **Scanne den QR-Code. Höre, wie die Außerirdischen die Wörter lesen.**
3. **3 Wörter wurden falsch gelesen. Hörst du, welche? Streiche sie durch!**

cloud.verlagruhr.de/lerninhalt/mu0LBjJt2kjW/

Keine Möglichkeit, den QR-Code zu scannen?

Dann arbeite mit einem Partnerkind.
Lies mit Absicht 2 Wörter falsch vor. Erkennt sie dein Partnerkind? Wechselt euch ab.

Lies, wie man schreibt
Vorbausteine

Außerirdische lesen Deutsch

1. **Lies diese Wörter sehr deutlich und laut. Achte dabei auf die Vorbausteine.**

[ab]bauen	[vor]rennen	[ent]täuschen
[aus]sehen	[los]sausen	[ab]blättern
[ver]reisen	[auf]fangen	[auf]fallen

2. **Scanne den QR-Code. Höre, wie die Außerirdischen die Wörter lesen.**
3. **3 Wörter wurden falsch gelesen. Hörst du, welche? Streiche sie durch!**

QR-Code:

cloud.verlagruhr.de/lerninhalt/e5dEBHIngR1y/

Du liest Außerirdisch

1. **Schau die Wörter in der Sprache der Außerirdischen an. Rahme die Vorbausteine ein.**
   TIPP: Es sind die gleichen wie im Deutschen.
2. **Lies die Wörter sehr deutlich und laut.**

abbema	vorranemo	enttanto
aussora	lossuru	abbora
verringo	auffesum	auffasa

3. **Scanne den QR-Code. Höre, wie die Außerirdischen die Wörter lesen.**
4. **3 Wörter wurden falsch gelesen. Hörst du, welche? Streiche sie durch!**

cloud.verlagruhr.de/lerninhalt/0leJ5GH0OOyS/

Keine Möglichkeit, den QR-Code zu scannen?

Dann arbeite mit einem Partnerkind.
Lies mit Absicht 2 Wörter falsch vor. Erkennt sie dein Partnerkind? Wechselt euch ab.

Reime und Kontraste

Reime lesen (1/3)

Max' und Moritz' 5. Streich

Jeder weiß, was so ein **Mai-**
Käfer für ein Vogel **sei**. –
In den Bäumen hin und **her**
Fliegt und kriecht und krabbelt **er**.

Max und Moritz, immer **munter**,
Schütteln sie vom Baum **herunter**.

In die Tüte von **Papiere**
Sperren sie die **Krabbeltiere**.
Fort damit und in die **Ecke**
Unter Onkel Fritzen's **Decke**!

aus: Busch, Wilhelm (1865): Max und Moritz. Eine Bubengeschichte in sieben Streichen. München: Braun und Schneider. S. 31f.
Es erfolgte eine Anpassung an die neue deutsche Rechtschreibung.

1. Warum reimen sich die fett gedruckten Wörter am Zeilenende?

....

....

2. Lies nur die Reimwörter mehrmals betont.

3. Lies den ganzen Text laut vor. Betone dabei die Reimwörter.

4. Male die Reimwörter in der gleichen Farbe an.

sei	herunter	Krabbeltiere
er	Decke	munter
Papiere	her	Mai

Welches Reimwort aus dem Text fehlt? ....

5. Finde möglichst viele Reimwörter zu dem übrig gebliebenen Wort aus Aufgabe 4. Schreibe sie auf.

....

Reime und Kontraste

Reime lesen (2/3)

Max' und Moritz' 5. Streich

Max und Moritz haben Maikäfer gesammelt und Onkel Fritz unter die Bettdecke gelegt.

Bald zu Bett geht Onkel **Fritze**
In der spitzen **Zipfelmütze**;
Seine Augen macht er **zu**,
Hüllt sich ein und schläft in **Ruh**.

Doch die Käfer, kritze **kratze**!
Kommen schnell aus der **Matratze**.
Schon fasst einer, der **voran**,
Onkel Fritzens Nase **an**.

„Bau!!" schreit er – „Was ist das **hier**?"
Und erfasst das **Ungetier**.
Und den Onkel, voller **Grausen**,
Sieht man aus dem Bette **sausen**.

aus: Busch, Wilhelm (1865): **Max und Moritz. Eine Bubengeschichte in sieben Streichen.** München: Braun und Schneider. S. 33f.
Es erfolgte eine Anpassung an die neue deutsche Rechtschreibung.

1. **Welches sind deine Lieblings-Reimwörter aus dem Text?**

   ....

2. **Lies nur die Reimwörter mehrmals betont.**
3. **Lies den ganzen Text laut vor. Betone dabei alle Reimwörter.**
4. **Male die Reimwörter in der gleichen Farbe an.**

Fritze	Matratze	kratze	zu
Ruh	hier	Grausen	sausen
an	Ungetier	voran	

Welches Reimwort aus dem Text fehlt? ....

5. **Finde möglichst viele Reimwörter zu dem übrig gebliebenen Wort aus Aufgabe 4. Schreibe sie in dein Heft.**

Reime und Kontraste

Reime lesen (3/3)

Max' und Moritz' 5. Streich

Onkel Fritz entdeckt die Maikäfer in seinem Bett.

„Bau!!" schreit er – „Was ist das **hier**?"
Und erfasst das **Ungetier**.
Und den Onkel, voller **Grausen**,
Sieht man aus dem Bette **sausen**.

„Autsch!!" – Schon wieder hat er **einen**
Im Genicke, an den **Beinen**;
Hin und her und **rundherum**
Kriecht es, fliegt es mit **Gebrumm**.

Onkel Fritz, in tiefer **Not**,
Haut und trampelt alles **tot**.
Guckste wohl! Jetzt ist's **vorbei**
Mit der Käfer**krabbelei**.

aus: *Busch, Wilhelm (1865):* Max und Moritz. Eine Bubengeschichte in sieben Streichen.
München: Braun und Schneider. S. 35 f.
Es erfolgte eine Anpassung an die neue deutsche Rechtschreibung.

1. **Lies nur die Reimwörter mehrmals betont.**
2. **Jetzt lies den ganzen Text laut vor. Betone dabei die Reimwörter.**
3. **Male die Reimwörter in der gleichen Farbe an.**

herum	einen	Streich
sogleich	hier	Grausen
Ungetier	Beinen	Gebrumm

Welches Wort bleibt übrig? ....

4. **Finde zu den fett gedruckten Reimpaaren aus dem Text je ein weiteres Reimwort.**

....

....

....

....

Reime und Kontraste

Reimpaare finden

INFO
langer Vokal: ▬
kurzer Vokal: •

1. Male die Reimwörter in der gleichen Farbe an. Kennzeichne als Hilfe die Länge der Vokale.

denn (•)	mir (▬)	wen
wem	wann	dem
wir	wenn	dir
den	dann	kann

2. Male die Reimwörter in der gleichen Farbe an. Achte auf die Vokallänge.

Klasse (•)	Haus (▬)	drehen
geht	sehen	Schluss
versteckt	entdeckt	Tasse
Fluss	Maus	steht

3. Finde eigene Reimpaare.

er kennt (•)	
mein (▬)	

Reime und Kontraste

Reimpaare finden (1/2)

INFO
langer Vokal: ▬
kurzer Vokal: •

1. Male die Reimwörter in der gleichen Farbe an. Kennzeichne als Hilfe die Länge der Vokale.

denn	mir	wen
wem	wann	dem
wir	wenn	dir
den	dann	kann

2. Male die Reimwörter in der gleichen Farbe an.

versteckt	steht	drehen
geht	sehen	Kloß
Floß	entdeckt	Fluss

Welches Wort bleibt übrig? ....

3. Trage eigene Reimpaare ein.

er kennt	mein	

★ **Zusatz-Aufgabe:** Gib das Blatt einem anderen Kind. Lass es deine Reimpaare herausfinden.

Reime und Kontraste

Reimpaare finden (2/2)

1. Lies den Text aufmerksam.
Es haben sich darin 5 Reimpaare versteckt. Findest du sie?

In einer alten Hecke, da lebte eine große Schnecke.
Sie fraß gerne grüne Blätter von der Wiese, doch vergaß manchmal, wo diese zu finden waren.
„Ich weiß ja nicht mal mehr, wie ich heiß!“, schimpfte sie mit Heiserkeit über ihre Vergesslichkeit.

INFO
langer Vokal: ▬
kurzer Vokal: •

2. Höre dir die Reimwörter an.
Schreibe sie an die passende Stelle.
Achte auf die Vokallänge.

dann –	auf –
wem –	soll –
mein –	ich –
sie –	das –

QR-Code:

cloud.verlagruhr.de/lerninhalt/0SbPhU73Zzcg/

3. Höre dir die Verse an. Trage die Reimpaare ein.

a)		
b)		
c)		

QR-Code:

cloud.verlagruhr.de/lerninhalt/FyKHsi00tIzD/

Reime und Kontraste

Kontrastpaare

INFO

der Wal *(das Tier)* ↔ der Wall *(die Schutzmauer)*

Bei Wal ist der Vokal a lang, bei Wall ist das a kurz.

Diese Wörter sind **Kontrastpaare**.

1. Was ist richtig? Lies laut und deutlich. Kreuze an.

☐ In unserem Keller ist eine **Ratte**.
☐ In unserem Keller ist eine **Rate**.

☐ Auf dem Müllberg lag viel **Schrott**.
☐ Auf dem Müllberg lag viel **Schrot**.

☐ Die **Robe** schwimmt im Meer.
☐ Die **Robbe** schwimmt im Meer.

☐ Im Wald steht eine verlassene **Hütte**.
☐ Im Wald steht eine verlassene **Hüte**.

2. Male die Kontrastpaare in der gleichen Farbe an.

denn	Hüte	wen
(Er) kam.	Ofen	(Er) las.
offen	Lass (es)!	Hütte
den	wenn	(der) Kamm

3. Warum reimen sich die Kontrastpaare nicht?
TIPP: Achte auf die Vokallänge!

....

....

....

....

....

Reime und Kontraste
Kontrastpaare

INFO

der Wal *(das Tier)* ↔ der Wall *(die Schutzmauer)*

Bei Wal ist der Vokal a lang, bei Wall ist das a kurz.

Diese Wörter sind **Kontrastpaare**.

1. Was ist richtig? Lies laut und deutlich. Kreuze an.

☐ Opa hackt ein Loch in die Erde. Er befestigt einen Haken an der Wand.
☐ Opa hakt ein Loch in die Erde. Er befestigt einen Hacken an der Wand.

☐ Die Dame trägt eine schöne Robbe. Die Robe schwimmt im Meer.
☐ Die Dame trägt eine schöne Robe. Die Robbe schwimmt im Meer.

☐ Oma arbeitet im Beet und schläft im Bett.
☐ Oma arbeitet im Bett und schläft im Beet.

☐ Neben der offenen Tür steht ein Ofen.
☐ Neben der ofenen Tür steht ein Offen.

2. Male die Kontrastpaare in der gleichen Farbe an.

denn	Hüte	wen
(Er) kam.	Rate!	(Er) las.
Ratte	Lass (es)!	Hütte
den	wenn	(der) Kamm

3. Warum reimen sich die Kontrastpaare nicht?
TIPP: Achte auf die Vokallänge!

....

....

....

Reime und Kontraste

Reimpaar oder Kontrastpaar?

INFO

der Wal *(das Tier)* ↔ der Wall *(die Schutzmauer)*

Bei Wal ist der Vokal a lang, bei Wall ist das a kurz.

Diese Wörter sind **Kontrastpaare**.

INFO

langer Vokal: ▬
kurzer Vokal: ●

1. Welche Wörter in der geheimnisvollen Sprache reimen sich?
Male sie in der gleichen Farbe an.

Wumm	Toff	Ran	Sem
Loff	Gan	Fem	Mumm

2. Erfinde selbst solche geheimnisvollen Reimwörter.

Sonn	Pal		
Ronn			

3. Welche Wörter in der geheimnisvollen Sprache sind Kontrastpaare?
Kennzeichne die Vokale.
Male die Kontrastpaare in der gleichen Farbe an.

Mum	Loff	Ran	Kas
Lof	Ras	Mumm	Rann

4. Erfinde eigene geheimnisvolle Kontrastpaare.

Kemm	Wonn		
Kem			

Reime und Kontraste

Reimpaar oder Kontrastpaar?

INFO

der Wal *(das Tier)* ↔ der Wall *(die Schutzmauer)*

Bei Wal ist der Vokal a lang, bei Wall ist das a kurz.

Diese Wörter sind **Kontrastpaare**.

INFO

langer Vokal: –

kurzer Vokal: •

1. Welche Wörter in der geheimnisvollen Sprache reimen sich? Male sie in der gleichen Farbe an.

karimm	pallu	Fuffo	sallu
ress	ruffo	sabimm	tess

2. Erfinde selbst solche geheimnisvollen Reimwörter.

jalemm			

3. Welche Wörter in der geheimnisvollen Sprache sind Kontrastpaare? Kennzeichne die Vokale. Male die Kontrastpaare in der gleichen Farbe an.

zolla	hallo	late	kello
halo	latte	kelo	zola

4. Erfinde eigene geheimnisvolle Kontrastpaare.

hulla	

Lese-Wettrennen (1/3)

ANLEITUNG

Arbeitet zu zweit. Ein Kind ist **Kind A**, das andere **Kind B**.
Kind B zählt zuerst leise auf **5 Sekunden**.
In dieser Zeit liest Kind A seinen ersten Satz **fehlerfrei** vor.

* **Gelingt es?** 2 Punkte für Kind A!
* **Gelingt es nicht?**
  Jetzt kann Kind B 1 Punkt bekommen, wenn es diesen fehlerhaften Satz auf Anhieb fehlerfrei vorliest.

Wechselt danach: Nun zählt Kind A, Kind B liest usw. Wer nach dem Lesen aller Sätze die meisten Punkte hat, hat das Lese-Wettrennen gewonnen!

Tipp: Lest die Sätze vor dem Lese-Wettrennen leise für euch.

Kind A – Im Wald

1. Viele Mücken wirbeln wild durch das dornige Gestrüpp.
2. Die scheue Haselmaus versteckt sich tief im morschen Unterholz.
3. Laut klopft der Specht in die dicken Stämme der alten Bäume.
4. Es rascheln die schwarzen Amseln auf dem bedeckten Waldboden.
5. Rasch huscht ein hellbraunes Eichhörnchen die hohen Äste hinauf.
6. Flink klettert der glänzende Maikäfer in die Baumspalte hinein.
7. Unter der trockenen Rinde windet sich langsam ein Käfer entlang.

Kind B – Im Tierheim

1. Die Mischlingshunde stolpern in ihrem Käfig wild übereinander.
2. Auf leisen Pfoten schleichen die Katzen über den gepflasterten Hof.
3. Wütend kreischt der alte Graupapagei auf seinem dicken Ast.
4. Gierig knabbern die Hamster den gelben Maiskolben ab.
5. Tapsig wackelt der kleine Hundewelpe auf seinen Futtertrog zu.
6. Langsam knabbert die alte Schildkröte ihr Salatblättchen an.
7. Flink huscht eine Maus auf der Suche nach Futter von Stall zu Stall.

Lese-Wettrennen (2/3)

ANLEITUNG

Arbeitet zu zweit. Ein Kind ist **Kind A**, das andere **Kind B**.
Kind B zählt zuerst leise auf **5 Sekunden**.
In dieser Zeit liest Kind A seinen ersten Satz **fehlerfrei** vor.

* **Gelingt es?** 2 Punkte für Kind A!
* **Gelingt es nicht?**
  Jetzt kann Kind B 1 Punkt bekommen, wenn es diesen fehlerhaften Satz auf Anhieb fehlerfrei vorliest.

Wechselt danach: Nun zählt Kind A, Kind B liest usw. Wer nach dem Lesen aller Sätze die meisten Punkte hat, hat das Lese-Wettrennen gewonnen!

Tipp: Lest die Sätze vor dem Lese-Wettrennen leise für euch.

Kind A – Im Weltall

1. Planeten bewegen sich in einer festen Umlaufbahn um einen Stern.
2. Im Weltall geben die Sterne aus Gas Licht und Wärme ab.
3. Das Wort „Planet“ kommt aus dem Griechischen und bedeutet „Wanderer“.

4. Zum Sonnensystem gehören der Stern „Sonne“ und 8 Planeten.
5. Die kleinsten Planeten unseres Sonnensystems sind Merkur und Mars.
6. Jupiter und Saturn sind die größten Planeten unseres Sonnensystems.
7. In der Reihenfolge der Planeten ist die Erde am drittweitesten von der Sonne weg.

Kind B – Gewitter

1. In einer Gewitterwolke befinden sich Wassertröpfchen und Eiskristalle.
2. Bei einem Gewitter sieht man zuerst den hellen Blitz. Danach grollt der Donner.
3. Die Schallgeschwindigkeit des Donners ist deutlich langsamer als die Lichtgeschwindigkeit des Blitzes.
4. Wenn es im Sommer warm ist, entstehen Gewitter am häufigsten.
5. Wenn es gewittert, dann weht vorher oft ein sehr stürmischer Wind.
6. Ein Blitz setzt plötzlich sehr viel elektrische Energie frei.
7. Mit seiner Zackenlinie umgeht der Blitz auf dem Weg zur Erde Widerstände.

Lese-Wettrennen (3/3)

ANLEITUNG

Arbeitet zu zweit. Ein Kind ist **Kind A**, das andere **Kind B**.
Kind B zählt zuerst leise auf **5 Sekunden**.
In dieser Zeit liest Kind A seinen ersten Satz **fehlerfrei** vor.

* **Gelingt es?** 2 Punkte für Kind A!
* **Gelingt es nicht?**
  Jetzt kann Kind B 1 Punkt bekommen, wenn es diesen fehlerhaften Satz auf Anhieb fehlerfrei vorliest.

Wechselt danach: Nun zählt Kind A, Kind B liest usw. Wer nach dem Lesen aller Sätze die meisten Punkte hat, hat das Lese-Wettrennen gewonnen!

Tipp: Lest die Sätze vor dem Lese-Wettrennen leise für euch.

Kind A – Die Erde

1. Unsere Erde wird von den Strahlen der Sonne gewärmt.
2. Das Element Wasser bedeckt den größten Anteil der Erdoberfläche.
3. Die Jahreszeiten richten sich nach der Lage der Erde in ihrer Umlaufbahn.
4. Tag und Nacht gibt es aufgrund der täglichen Erdumdrehungen.
5. Der Mond begleitet die Erde immer, wobei er sie jeden Monat umrundet.
6. Australien ist der kleinste und Asien der größte der 5 Kontinente.
7. Die Erdatmosphäre schützt uns vor Strahlungen und Meteoriteneinschlägen.

Kind B – Europa

1. Zum Kontinent Europa zählen 47 größere und kleinere Staaten.
2. Europa ist der einzige Kontinent, der nicht mit einem „A" beginnt.
3. Im Süden Europas liegt das Mittelmeergebiet mit besonders warmem Klima.
4. Das Hochgebirge in Mitteleuropa sind die Alpen mit über 3000 m hohen Gipfeln.
5. In den europäischen Ländern werden über 20 Sprachen gesprochen.
6. Insgesamt leben auf dem europäischen Kontinent über 700 Millionen Menschen.
7. Deutschland liegt mitten in Europa und grenzt an 9 andere Länder.

Lese-Wettrennen (1/2)

ANLEITUNG

Arbeitet zu zweit. Ein Kind ist **Kind A**, das andere **Kind B**.
Kind B zählt zuerst leise auf **5 Sekunden**.
In dieser Zeit liest Kind A seinen ersten Satz **fehlerfrei** vor.

* **Gelingt es?** 2 Punkte für Kind A!
* **Gelingt es nicht?**
  Jetzt kann Kind B 1 Punkt bekommen, wenn es diesen fehlerhaften Satz auf Anhieb fehlerfrei vorliest.

Wechselt danach: Nun zählt Kind A, Kind B liest usw. Wer nach dem Lesen aller Sätze die meisten Punkte hat, hat das Lese-Wettrennen gewonnen!

Tipp: Lest die Sätze vor dem Lese-Wettrennen leise für euch.

Kind A – Technik

1. Ein ausgefeilter Schwenkflügler schnellt blitzschnell in den Himmel.
2. Eine Bildkomprimierung erlaubt es, Bilder mit weniger Speicherkapazität auf Datenträgern abzuspeichern.
3. Steckbuchse und Erdungsbuchse sind 2 Bestandteile einer Steckdose.
4. In der Elektrik werden viele verschiedene Batterietypen als Stromlieferant genutzt.
5. Ein Differenzial gleicht die bei Kurvenfahrten auftretenden Unterschiede der Räder an den angetriebenen Achsen aus.
6. Moderne Fernsehgeräte funktionieren bekanntermaßen mit Flüssigkristallen.

Kind B – Besondere Tiere

1. Der Kormoran taucht mit seinem Hakenschnabel bis zu 40 Sekunden unter der Wasseroberfläche.
2. Der Quastenflosser lebt bereits seit mehr als 300 Millionen Jahren.
3. Die Weißschulter-Kapuzineräffchen sind intelligent und robust.
4. Nachts frisst sich der Eichenprozessionsspinner von Eichenblatt zu Eichenblatt.
5. Die Gelbbauchunken verteidigen sich mit einer übel riechenden Flüssigkeit, die sie absondern, sobald sie sich bedroht fühlen.
6. Auf heißen Steinen sonnt sich ein besonderes Schuppentier: die australische Bartagame mit ihrem stacheligen Bart.

Lese-Wettrennen (2/2)

ANLEITUNG

Arbeitet zu zweit. Ein Kind ist **Kind A**, das andere **Kind B.**
Kind B zählt zuerst leise auf **5 Sekunden.**
In dieser Zeit liest Kind A seinen ersten Satz **fehlerfrei** vor.

* **Gelingt es?** 2 Punkte für Kind A!
* **Gelingt es nicht?**
  Jetzt kann Kind B 1 Punkt bekommen, wenn es diesen fehlerhaften Satz auf Anhieb fehlerfrei vorliest.

Wechselt danach: Nun zählt Kind A, Kind B liest usw. Wer nach dem Lesen aller Sätze die meisten Punkte hat, hat das Lese-Wettrennen gewonnen!

Tipp: Lest die Sätze vor dem Lese-Wettrennen leise für euch.

Kind A – Die Wiese

1. Auf einer gesunden Wiese wachsen wichtige Wiesengräser, wie das Wiesenrispengras oder der Wiesenfuchsschwanz.
2. Der Wind trägt den Blütenstaub von Pflanze zu Pflanze, während die bunten Wiesenblumen von den Insekten bestäubt werden.
3. Der Löwenzahn blüht auf fast allen Wiesen und breitet sich auch in Gärten aus.
4. Die Bergwiesen oberhalb der Baumgrenze zählen zu den natürlichen Wiesen.
5. Wenn man auf einer Wiese liegt, dann zirpt, summt und surrt es wild.
6. Im Sommer sind das weiße Wiesenschaumkraut, die gelbe Schlüsselblume oder die blaue Wiesenglockenblume zu bewundern.

Kind B – Laubbäume

1. Laubbäume wachsen im tropischen Urwald, in trockenen Wüsten und bei uns.
2. Manche Laubbäume sind Windbestäuber, andere werden von Insekten bestäubt.
3. Die Blätter der Laubbäume nehmen Kohlendioxid aus der Luft auf und verwandeln es in Sauerstoff.
4. Das von den Wurzeln aufgenommene Wasser wird durch feine Gefäße zu den Blättern transportiert.
5. Mit dem Wasser zieht der Baum auch Mineralien aus dem Boden.
6. Chlorophyll ist ein Blattfarbstoff und ist für die Grünfärbung verantwortlich.

Lese-Wettrennen

ANLEITUNG

Arbeitet zu zweit. Ein Kind ist **Kind A**, das andere **Kind B**.
Kind B zählt zuerst leise auf **5 Sekunden**.
In dieser Zeit liest Kind A seinen ersten Satz **fehlerfrei** vor.

* **Gelingt es?** 2 Punkte für Kind A!
* **Gelingt es nicht?**
  Jetzt kann Kind B 1 Punkt bekommen, wenn es diesen fehlerhaften Satz auf Anhieb fehlerfrei vorliest.

Wechselt danach: Nun zählt Kind A, Kind B liest usw. Wer nach dem Lesen aller Sätze die meisten Punkte hat, hat das Lese-Wettrennen gewonnen!

Tipp: Lest die Sätze vor dem Lese-Wettrennen leise für euch.

Kind A – Das Gehirn

1. Gedacht, überlegt und entschieden wird in der Hirnrinde.
2. Das Gehirn liegt geschützt im Kopf, umgeben von mehreren Schädelknochen, wie dem Scheitelbein.
3. Die Organe sind durch Nervenbahnen mit dem Gehirn verbunden.
4. Zum Gehirn gehört auch der Hypothalamus, welcher wichtige Funktionen des Körpers kontrolliert.
5. Das Gehirn des Menschen kann mehr als das anderer Lebewesen.
6. Wenn durch einen Aufprall das Gehirn stark gegen die Schädelwand gestoßen wird, kommt es häufig zu einer Gehirnerschütterung.

Kind B – Das Herz

1. Mit einem Stethoskop kann man beispielsweise die Herztöne hören.
2. Der linke und rechte Vorhof und die linke und rechte Herzkammer sind die 4 Hauptbestandteile des Herzens.
3. Die rechte Herzkammer pumpt das verbrauchte, kohlenstoffdioxidhaltige Blut in die Lunge, wo das Kohlenstoffdioxid gegen Sauerstoff ausgetauscht wird.
4. Pro Minute schlägt das Herz bei Erwachsenen etwa 60- bis 80-mal, wobei der Herzmuskel etwa 5 Liter durch den Körper pumpt.
5. Das Blut, das durch den Herzmuskel fließt, besteht zu etwa 90 Prozent aus Wasser.
6. Wenn man sehr schnell rennt, kann das Herz in nur einer Minute sogar 25 Liter Blut durch den Körper pumpen.

Tandem-Lesen mit Sachtexten (1/3)

ANLEITUNG

Beim Fahren mit einem Tandem-Fahrrad braucht man Vertrauen in die andere Person. Nur wenn beide konzentriert und entschlossen in die Pedale treten, kommt man vorwärts. So ist das auch beim Tandem-Lesen:

* Beide Kinder haben ein Textblatt und sitzen auf Stühlen hintereinander. Hinten sitzt, wer im Lesen sicherer oder mit dem Thema besser vertraut ist.
* Das **Kind vorn** ist **der Steuermann oder die Steuerfrau** und gibt die Geschwindigkeit vor.
* Das **Kind hinten** liest im gleichen Tempo mit und **passt genau auf**.
* Macht das Kind vorn einen Fehler, tippt das Kind dahinter ihm auf die Schulter. Der Fehler wird verbessert und weiter geht´s!

Der Papagei

Es gibt viele verschiedene Papageienarten.
Der Graupapagei ist, wie der Name schon sagt, ganz grau.
Der Ara ist ein sehr farbenfroher Papagei.
Sein Federkleid ist blau oder gelb, rot oder grün. Der Ara lebt im Regenwald in Südamerika.
Dort wird er bis zu 1 Meter groß und bis zu 50 Jahre alt.
Aras leben in Gruppen mit etwa 20 Papageien zusammen.
In der Nacht schlafen sie alle gemeinsam auf einem Baum.
Mit ihren kräftigen Krallen können sie gut klettern.
Auch mit dem großen Schnabel halten sie sich zum Beispiel an Ästen fest.
Zu ihren Feinden zählen auch Schlangen.
Alle Papageien fressen am liebsten Beeren, Nüsse und andere Früchte.

Hast du kein Partnerkind?

Scanne den QR-Code. Höre dir den Text dort an und lies ihn mit.
Achtung: Auch diese Steuerfrau macht 3 Fehler!
Entdeckst du sie?

QR-Code:

cloud.verlagruhr.de/lerninhalt/d7ymnzywpKKj/

Tandem-Lesen mit Sachtexten (2/3)

ANLEITUNG

Beim Fahren mit einem Tandem-Fahrrad braucht man Vertrauen in die andere Person. Nur wenn beide konzentriert und entschlossen in die Pedale treten, kommt man vorwärts. So ist das auch beim Tandem-Lesen:

* Beide Kinder haben ein Textblatt und sitzen auf Stühlen hintereinander. Hinten sitzt, wer im Lesen sicherer oder mit dem Thema besser vertraut ist.
* Das **Kind vorn** ist **der Steuermann oder die Steuerfrau** und gibt die Geschwindigkeit vor.
* Das **Kind hinten** liest im gleichen Tempo mit und **passt genau auf**.
* Macht das Kind vorn einen Fehler, tippt das Kind dahinter ihm auf die Schulter. Der Fehler wird verbessert und weiter geht´s!

Wüsten

Trockenwüsten sind sehr heiße Landschaften.
Dort herrschen tagsüber bis zu 55 Grad Celsius.
Auf der Erde gibt es mehrere solche Wüsten, die sich immer weiter ausbreiten.
Das liegt am Klimawandel, der von den Menschen zu verantworten ist.
Auch durch die Ausbreitung der Wüsten gehen immer mehr Pflanzen verloren.
In den Wüsten regnet es nur alle paar Jahre.
Oasen sind Gebiete in den Wüsten, in denen es Wasser gibt.
Davon gibt es jedoch nur sehr wenige.
Die Wüstennomadenvölker reisen von Oase zu Oase und wissen genau, wie viel Wasser sie für den Weg dazwischen benötigen.
Die Sahara in Afrika ist die größte Trockenwüste auf der Erde.
Die größte Kältewüste der Erde ist die Antarktis.
Die Antarktis ist größer als die Sahara.

Hast du kein Partnerkind?

Scanne den QR-Code. Höre dir den Text dort an und lies ihn mit.
Achtung: Auch diese Steuerfrau macht 3 Fehler!
Entdeckst du sie?

QR-Code:

Tandem-Lesen mit Sachtexten (3/3)

ANLEITUNG

Beim Fahren mit einem Tandem-Fahrrad braucht man Vertrauen in die andere Person. Nur wenn beide konzentriert und entschlossen in die Pedale treten, kommt man vorwärts. So ist das auch beim Tandem-Lesen:

* Beide Kinder haben ein Textblatt und sitzen auf Stühlen hintereinander. Hinten sitzt, wer im Lesen sicherer oder mit dem Thema besser vertraut ist.
* Das **Kind vorn** ist **der Steuermann oder die Steuerfrau** und gibt die Geschwindigkeit vor.
* Das **Kind hinten** liest im gleichen Tempo mit und **passt genau auf**.
* Macht das Kind vorn einen Fehler, tippt das Kind dahinter ihm auf die Schulter. Der Fehler wird verbessert und weiter geht´s!

Mäuse

Mäuse sind Säugetiere. Sie gehören zu der Gattung der Nagetiere.
Eine bei uns sehr bekannte Maus ist die Feldmaus.
Sie wird etwa 12 bis 15 Zentimeter groß. Etwa ein Viertel davon ist der Schwanz.
Auf unseren Feldern leben sehr viele dieser Mäuse.
Meist sehen wir sie nicht, da sie unter der Erdoberfläche Tunnel graben.
Am liebsten frisst die Feldmaus Körner, Früchte, Insekten und Pflanzen.
Wenn ihre Babys nach wenigen Wochen Tragezeit auf die Welt kommen, sind sie blind und haben noch kein Fell.
Nach nur wenigen Wochen können sie aber schon durch die Landschaft flitzen und selbst für ihr Fressen sorgen und eigene Babys bekommen.
Achtung! Lass keine Leckereien im Garten liegen! Mäuse fressen alles …

Hast du kein Partnerkind?

Scanne den QR-Code. Höre dir den Text dort an und lies ihn mit.
Achtung: Auch diese Steuerfrau macht 3 Fehler!
Entdeckst du sie?

QR-Code:

cloud.verlagruhr.de/lerninhalt/tsttIMFh8hfQ/

Tandem-Lesen mit Sachtexten (1/3)

ANLEITUNG

Beim Fahren mit einem Tandem-Fahrrad braucht man Vertrauen in die andere Person. Nur wenn beide konzentriert und entschlossen in die Pedale treten, kommt man vorwärts. So ist das auch beim Tandem-Lesen:

* Beide Kinder haben ein Textblatt und sitzen auf Stühlen hintereinander. Hinten sitzt, wer im Lesen sicherer oder mit dem Thema besser vertraut ist.
* Das **Kind vorn** ist **der Steuermann oder die Steuerfrau** und gibt die Geschwindigkeit vor.
* Das **Kind hinten** liest im gleichen Tempo mit und **passt genau auf**.
* Macht das Kind vorn einen Fehler, tippt das Kind dahinter ihm auf die Schulter. Der Fehler wird verbessert und weiter geht´s!

Der Weißkopfseeadler

Der Weißkopfseeadler ist einer der größten und mächtigsten Greifvögel.
Sein Federkleid ist sehr dunkel. Schwanz, Hals und Kopf dagegen sind – wie der Name schon sagt – weiß.
Er ist ausschließlich in Nordamerika beheimatet.
Dort lebt er an Flüssen, Seen und Küsten. Sein Nest nennt man „Horst".
Der Weißkopfseeadler errichtet sich einen Horst hoch oben auf den Felsen oder in Bäumen.
Der Körper wird bis zu 1 Meter groß und die Flügelspannweite kann bis zu 250 Zentimeter betragen.
Der Weißkopfseeadler frisst Fische, kleine Vögel, Säugetiere und Aas. Als Aas bezeichnet man alle Tiere, die bereits gestorben sind.
Weißkopfseeadler durchbohren ihre Beute mit ihren starken Krallen.
Im Frühjahr legen die Weibchen bis zu 3 Eier.
Nach 5 bis 6 Wochen schlüpfen kleine, graue, wuschelige Adlerküken.
In der Wildnis werden die Weißkopfseeadler etwa 30 Jahre alt.

Hast du kein Partnerkind?

Scanne den QR-Code. Höre dir den Text dort an und lies ihn mit.
Achtung: Auch diese Steuerfrau macht 3 Fehler!
Entdeckst du sie?

QR-Code:

cloud.verlagruhr.de/lerninhalt/9Gh9lYZ8FaGw/

Tandem-Lesen mit Sachtexten (2/3)

ANLEITUNG

Beim Fahren mit einem Tandem-Fahrrad braucht man Vertrauen in die andere Person. Nur wenn beide konzentriert und entschlossen in die Pedale treten, kommt man vorwärts. So ist das auch beim Tandem-Lesen:

* Beide Kinder haben ein Textblatt und sitzen auf Stühlen hintereinander. Hinten sitzt, wer im Lesen sicherer oder mit dem Thema besser vertraut ist.
* Das **Kind vorn** ist **der Steuermann oder die Steuerfrau** und gibt die Geschwindigkeit vor.
* Das **Kind hinten** liest im gleichen Tempo mit und **passt genau auf**.
* Macht das Kind vorn einen Fehler, tippt das Kind dahinter ihm auf die Schulter. Der Fehler wird verbessert und weiter geht´s!

Eier in der Mikrowelle

Manche Leute versuchen, Eier in der Mikrowelle zu kochen.
Das geht garantiert schief!
Die Mikrowelle wandelt die elektrische Energie aus der Steckdose in elektromagnetische Energie um. Das sind dann „Mikrowellen".
Im Eiweiß und im Eigelb befinden sich viele Wasserteilchen.
Die Energie der Mikrowellen erhitzt diese Wasserteilchen im Inneren des Eies.
Diese geraten dadurch immer mehr in Bewegung und drehen sich immer wilder.
Aus dieser Bewegungsenergie wird wiederum Wärmeenergie.
Wärme braucht bekanntermaßen Platz, da sich die erwärmten Wasserteilchen ausdehnen müssen. Sie drücken sozusagen nach außen.
Jetzt ist es nur noch eine Frage der Zeit, wie lange die äußere Eierschale dem Druck dieser immer größer werdenden und sich drehenden Wasserteilchen Stand hält.
Irgendwann macht es „PENG!".

Hast du kein Partnerkind?

Scanne den QR-Code. Höre dir den Text dort an und lies ihn mit.
Achtung: Auch diese Steuerfrau macht 3 Fehler!
Entdeckst du sie?

QR-Code:

Tandem-Lesen mit Sachtexten (3/3)

ANLEITUNG

Beim Fahren mit einem Tandem-Fahrrad braucht man Vertrauen in die andere Person. Nur wenn beide konzentriert und entschlossen in die Pedale treten, kommt man vorwärts. So ist das auch beim Tandem-Lesen:

* Beide Kinder haben ein Textblatt und sitzen auf Stühlen hintereinander. Hinten sitzt, wer im Lesen sicherer oder mit dem Thema besser vertraut ist.
* Das **Kind vorn** ist **der Steuermann oder die Steuerfrau** und gibt die Geschwindigkeit vor.
* Das **Kind hinten** liest im gleichen Tempo mit und **passt genau auf**.
* Macht das Kind vorn einen Fehler, tippt das Kind dahinter ihm auf die Schulter. Der Fehler wird verbessert und weiter geht´s!

Die ISS

Die ISS ist eine Raumstation, die seit über 15 Jahren im Weltall um die Erde kreist.
Weil dort Schwerelosigkeit herrscht, lassen sich besondere Experimente durchführen, wie sie auf der Erde nicht möglich wären.
Auch die ISS muss wie jedes Fahrzeug immer wieder repariert werden.
Dazu steigen die Astronautinnen und Astronauten in einen Raumanzug und verlassen die Raumstation.
Sie schweben dann frei im Weltall umher – natürlich gesichert und mit der ISS verbunden. So ein Raumanzug ist sehr schwer und extrem teuer.
Alexander Gerst heißt ein bekannter deutscher Astronaut.
Er war schon 2-mal für jeweils mehrere Monate auf der ISS.
Als er dort zum Fenster hinaussah, konnte er die Erde von oben betrachten.

Hast du kein Partnerkind?

Scanne den QR-Code. Höre dir den Text dort an und lies ihn mit.
Achtung: Auch diese Steuerfrau macht 3 Fehler!
Entdeckst du sie?

QR-Code:

Stimmungsvoll lesen

Überschriften (1/2)

INFO

Die Überschrift macht die Stimmung
Geschichten sind in unterschiedlichen „Stimmungen“ geschrieben. Es gibt zum Beispiel gruselige, traurige oder spannende Geschichten. Als Vorleserin oder Vorleser kannst du mit deiner Stimme diese Stimmung verstärken. So versetzen sich die Zuhörenden durch dich in die Geschichte hinein.

1. **Lies die Überschriften. Was glaubst du: Welche Stimmung haben diese Geschichten? Kreuze an.**
   - **a)** Ein toller Nachmittag auf der Skaterbahn ☐ lustig ☐ traurig ☐ fantasievoll
   - **b)** Rieke weiß nicht mehr weiter ☐ verzweifelt ☐ gruselig ☐ spannend
   - **c)** Eine Nacht auf Burg Waldenfels ☐ freudig ☐ geheimnisvoll ☐ dankbar

2. **Welche Stimmung erwartest du bei der Überschrift „Die Zirkusfreizeit beginnt“?**

   ....

3. **Lies die Geschichte leise für dich.**

> Die Zwillinge Helena und Ronja sind sehr aufgeregt. Heute beginnt ihre lang ersehnte Zirkusfreizeit. Eine Woche im Schlafsack in bunten Zelten schlafen und tagsüber für die Abschlussaufführung Jonglieren, Einradfahren und Fliegen am Trapez üben. Ein bisschen Heimweh werden sie sicher auch haben. Aber die Vorfreude auf das Abenteuer, fernab von zu Hause, ist riesig!

4. **Welche Stimmung(en) hat die Geschichte?**

   ....

QR-Code:

cloud.verlagruhr.de/lerninhalt/q7qZGv0OLiuu/

5. **Scanne den QR-Code. Höre dir die beiden Audiodateien an. Welche Aufnahme findest du passender vorgelesen?**

6. **Lies die Geschichte so vor, dass die Zuhörenden allein an deiner Stimme die Stimmung der Geschichte erkennen.**

Stimmungsvoll lesen

Überschriften (2/2)

INFO

Die Überschrift macht die Stimmung
Geschichten sind in unterschiedlichen „Stimmungen" geschrieben. Es gibt zum Beispiel gruselige, traurige oder spannende Geschichten. Als Vorleserin oder Vorleser kannst du mit deiner Stimme diese Stimmung verstärken. So versetzen sich die Zuhörenden durch dich in die Geschichte hinein.

1. Lies die Überschriften. Was glaubst du: Welche Stimmung haben diese Geschichten? Kreuze an.

a) Ein Tag auf Schloss Elfentraum ☐ lustig ☐ traurig ☐ fantasievoll

b) Die Nacht im Spinnenturm ☐ verzweifelt ☐ gruselig ☐ spannend

c) Doch noch ein guter Tag für Samuel ☐ freudig ☐ geheimnisvoll ☐ dankbar

2. Welche Stimmung erwartest du bei der Überschrift „Allein im Wald"?

....

3. Lies die Geschichte leise für dich.

Yan ist oft im Wald unterwegs. Er baut gern Hütten aus Ästen und Blättern und Werkzeuge aus herumliegendem Holz. Dafür durchforstet er Gebiete, die weit vom Weg abliegen. An solch einer Stelle entdeckte er es: Das kleine Rehkitz lag ganz allein, versteckt unter dichtem Gestrüpp. Von Weitem beobachtete er es still und aufmerksam. Nach einer Weile kam die Mutter und legte sich zu ihm. Was für ein wertvolles Erlebnis! Langsam schlich Yan wieder zum Waldweg zurück.

4. Welche Stimmung(en) hat die Geschichte?

....

QR-Code:

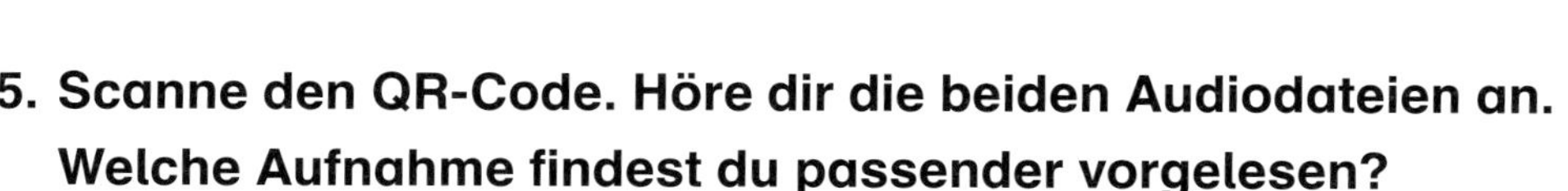

cloud.verlagruhr.de/lerninhalt/qfEgrf07kzPE/

5. Scanne den QR-Code. Höre dir die beiden Audiodateien an. Welche Aufnahme findest du passender vorgelesen?

6. Lies die Geschichte so vor, dass die Zuhörenden allein an deiner Stimme die Stimmung der Geschichte erkennen.

Stimmungsvoll lesen

Überschriften (1/2)

INFO

Die Überschrift macht die Stimmung

Geschichten sind in unterschiedlichen „Stimmungen“ geschrieben.
Manche sind gruselig, andere traurige oder spannend.
Als Vorleserin oder Vorleser passt du deine Stimme der Stimmung an.
So können sich die Zuhörenden gut in die Geschichte hineinversetzen.
Oft kannst du schon an der Überschrift die Stimmung erkennen.
Manchmal wechselt die Stimmung auch während der Geschichte:
Zum Beispiel wird aus einem gruseligen Erlebnis am Ende ein lustiges.

1. Welche Stimmung erwartest du bei der Überschrift „Wann klingelt es endlich?“?

....

2. Lies die Geschichte leise für dich.

Endlich war es so weit. Aslan durfte bei seiner Oma übernachten!
Schon gestern hatte er alle seine Sachen eingepackt. Auch Freddi, sein Kuscheltiererdmännchen, durfte nicht fehlen. Gleich musste es klingeln.
Doch es klingelte nicht. Auch eine Stunde später hatte es noch nicht geklingelt.
„Wann klingelt es endlich? Oma wollte mich doch schon längst abholen!“, denkt Aslan. Da klingelte es. Aber nicht an der Haustür.
Das Telefon klingelte und Aslans Mama nahm den Hörer ab. Ihr Gesicht wurde ernst. Ihre Stimme wurde ganz leise – als ob Aslan dann nichts verstehen könnte. Aber natürlich verstand er alles. Oma würde ihn nicht abholen kommen. Heute nicht und auch nicht morgen. Oma war krank. Sehr krank sogar.

3. Welche Stimmung(en) hat die Geschichte?

....

4. Scanne den QR-Code. Höre dir die beiden Audiodateien an. Welche Aufnahme findest du passender vorgelesen?

QR-Code:

cloud.verlagruhr.de/lerninhalt/KTrbqvphPqbE/

5. Lies die Geschichte so vor, dass die Zuhörenden allein an deiner Stimme die Stimmung der Geschichte erkennen.

Stimmungsvoll lesen

Überschriften (2/2)

INFO

Die Überschrift macht die Stimmung

Geschichten sind in unterschiedlichen „Stimmungen" geschrieben.
Manche sind gruselig, andere traurige oder spannend.
Als Vorleserin oder Vorleser passt du deine Stimme der Stimmung an.
So können sich die Zuhörenden gut in die Geschichte hineinversetzen.
Oft kannst du schon an der Überschrift die Stimmung erkennen.
Manchmal wechselt die Stimmung auch während der Geschichte:
Zum Beispiel wird aus einem gruseligen Erlebnis am Ende ein lustiges.

1. Welche Stimmung erwartest du bei der Überschrift „Ein harter Tag"?

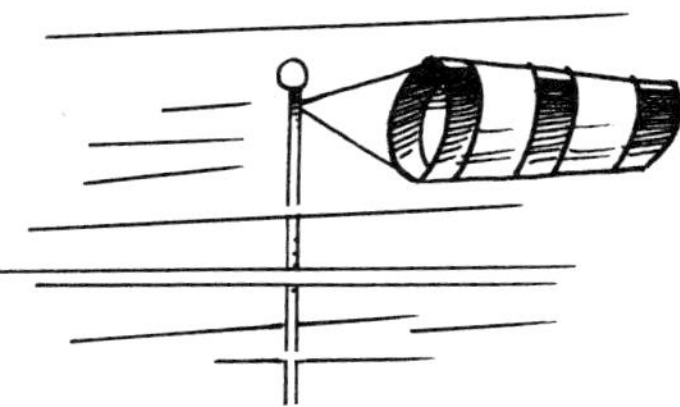

....

2. Lies die Geschichte leise für dich.

Der Wind wehte stärker als sonst. Als ob er sie vertreiben wollte. Fort von der Insel, ihrer Insel: Amrum, ganz im Norden Deutschlands, ist Brittas zweite Heimat geworden. Natürlich freute sie sich auch wieder auf zu Hause, auf ihre Eltern, ihre Geschwister, ihren Sportverein und ihre „Höhle". So nannte sie immer ihr kleines, aber eigenes Kinderzimmer. 3 Wochen war sie nun wieder in Kur gewesen, wie jedes Jahr. Britta war von klein auf viel krank. Die raue Seeluft hier auf Amrum ist die beste Medizin für sie. Und dann sind da noch ihre Freundinnen und Freunde, die sie jedes Jahr hier trifft – „Die Seegeister" nennen sie sich. Nun heißt es wieder ein Jahr warten auf ihre Seegeister, auf die Sanddünen und den rauen Wind. Der Abschied von Amrum fällt Britta immer schwer.

3. Welche Stimmung(en) hat die Geschichte?

....

4. Scanne den QR-Code. Höre dir die beiden Audiodateien an. Welche Aufnahme findest du passender vorgelesen?

QR-Code:

cloud.verlagruhr.de/lerninhalt/CvTnvEOsMuSI/

5. Lies die Geschichte so vor, dass die Zuhörenden allein an deiner Stimme die Stimmung der Geschichte erkennen.

Stimmungsvoll lesen

Stimmungen vergleichen (1/2)

1. Schau dir zunächst nur die Überschriften der 3 Geschichten an. Welche Stimmungen erwartest du?

a) ....

b) ....

c) ....

2. Lies die 3 Geschichten leise. Welche Stimmungen haben sie für dich?

a) ....

b) ....

c) ....

3. Lies die Geschichten in der passenden Stimmung laut vor.

Geschichte a)

Wer hätte das gedacht?

Gestern traf ich mich mit meinem Kumpel Henry auf dem Skateplatz. Diesmal wollte ich mich endlich die Rampe heruntertrauen – natürlich auf meinem Roller, und nicht etwa auf meinem Hinterteil!

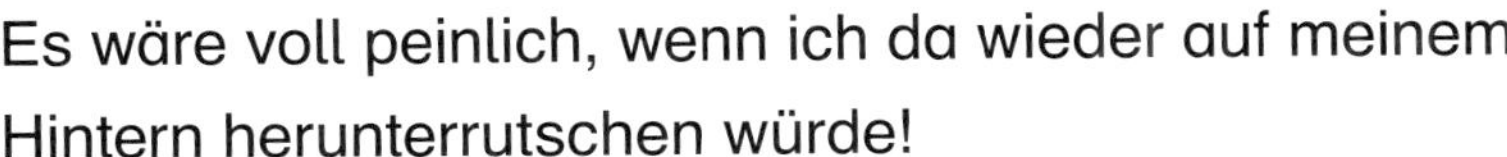

Es wäre voll peinlich, wenn ich da wieder auf meinem Hintern herunterrutschen würde!

Zum Glück war nicht viel los. Schließlich stand ich neben Henry oben auf der Rampe – wie schon so oft. Ich schaute hinunter. Mir zitterten die Knie und meine Hände waren ganz verschwitzt. Henry grinste, ließ sich nach vorn kippen und sauste hinunter.

Ich musste jetzt hinterher. Also: Roller nach vorn – ein Fuß drauf – Körpergewicht möglichst weit vor – tief Luft holen – und …

Stimmungsvoll lesen

Stimmungen vergleichen (2/2)

Geschichte b)

Was für ein Chaos!

Heute ist es endlich so weit – ich ziehe aus! Ich meine, ich ziehe heute in mein eigenes Zimmer! Das gehört dann mir ganz allein.
Da wäre nur noch ein Problem: Was darf meine Schwester in unserem alten Zimmer behalten und was kommt mit in mein neues Zimmer?
Das mit den Betten ist klar und mit den Klamotten auch, aber …
Der Schreibtisch – auseinandersägen? Die restlichen Ostersüßigkeiten – alle aufessen? Das Foto von uns beiden – durchschneiden?
Den Kaktus von Opa? Die Bilder aus dem Kindergarten?
Der Taschenrechner? (Den hatten wir heimlich unter meinem Bett versteckt.)
Und … könnt ihr euch vorstellen, was sich so alles hinter einem Bett ansammelt? Also, den Staub, den darf auf jeden Fall meine Schwester behalten!

Geschichte c)

Aufgewacht!

Das war der beste Geburtstag meines Lebens!
Ich hatte es mir schon so lange gewünscht und nun ging es endlich in Erfüllung. Tatsächlich hat mich mein Geschenk schon morgens geweckt. Es hat nämlich gebellt! Nicht böse, sondern eher aufgeregt und gut gelaunt. Es war das schönste Bellen, das ich je gehört hatte.
Es war das Bellen von meinem Harry. Das ist nun schon 2 Jahre her und Harry wohnt noch immer bei uns und weckt mich jeden Morgen mit seinem Bellen. Harry ist der tollste Hund der Welt und der beste Freund, den man sich wünschen kann.
Nur am Wochenende, da könnte er manchmal etwas später bellen!

Stimmungsvoll lesen

Stimmungen vergleichen (1/2)

1. Schau dir zunächst nur die Überschriften der 3 Geschichten an. Welche Stimmungen erwartest du?

a) ....

b) ....

c) ....

2. Lies die 3 Geschichten leise. Welche Stimmungen haben sie für dich?

a) ....

b) ....

c) ....

3. Lies die Geschichten in der passenden Stimmung laut vor.

Geschichte a)

Wer hätte das gedacht?

Neulich traf ich mich mit meinem Kumpel Henry auf dem Skateplatz. Wir wollten mit unseren Rollern herumdüsen.
Mir war ziemlich mulmig zumute. Henry fuhr besser als ich und traute sich schon die große Rampe herunter. Ich wollte das auch können! Es wäre voll peinlich, wenn ich da wieder auf meinem Hintern herunterrutschen würde!
Zuerst fuhren wir uns ein bisschen ein. Zum Glück war nicht viel los. Mit jedem Schwung kamen wir höher. Schließlich standen wir oben auf der Rampe. Ich schaute hinunter. Mir zitterten die Knie. Meine Hände am Lenker waren ganz rutschig … der Angstschweiß …
Henry grinste, ließ sich nach vorn kippen und sauste hinunter, als wenn es nichts wäre! Und eigentlich war es das ja auch nicht! Zumindest sah es bei ihm sehr einfach aus! Ich musste jetzt hinterher. Eigentlich wollte ich ja gar nicht – aber dann wollte ich eigentlich nichts lieber als das! Also: Roller nach vorn – ein Fuß darauf – Körpergewicht möglichst weit nach vorn – tief Luft holen – und …

Stimmungsvoll lesen

Stimmungen vergleichen (2/2)

Geschichte b)

Was für ein Chaos!

Schon immer hatten meine Schwester und ich uns ein Zimmer teilen müssen. Aber in den letzten Monaten hat Papa den Dachboden ausgebaut, sodass wir mehr Platz haben. Heute ist es endlich so weit – ich ziehe aus! Natürlich ziehe ich nicht ganz aus, ich bin ja erst 9 Jahre alt. Aber ich ziehe heute in mein eigenes Zimmer! Das gehört dann mir ganz allein. Und da kommt keiner mehr einfach so herein – außer, wenn ich es erlaube. Und schon gar nicht darf irgendjemand einfach etwas aus meinem Zimmer herausnehmen. Da wäre nur noch ein Problem: Was darf meine Schwester in unserem alten Zimmer behalten und was kommt mit in mein neues Zimmer? Das mit den Betten ist klar und mit den Klamotten auch, aber …
Der Schreibtisch – auseinandersägen? Die restlichen Ostersüßigkeiten – alle zusammen aufessen? Das Foto von uns beiden – durchschneiden? Die Kuschelecke? Das Bücherregal? Der Kaktus von Opa? Die Bilder aus dem Kindergarten? Der Taschenrechner? (Den haben wir heimlich unter meinem Bett versteckt.) Und …
Könnt ihr euch vorstellen, was sich so alles hinter einem Bett ansammeln kann?
Also, den Staub, den darf auf jeden Fall meine Schwester behalten!

Geschichte c)

Aufgewacht!

Das war der beste Geburtstag meines Lebens! Ich hatte es mir schon so lange gewünscht und heute sollte es tatsächlich in Erfüllung gehen. Es ist eigentlich auch mein einziger Wunsch gewesen. Na ja, bis auf den Schokokuchen mit Gummibärchen obendrauf! Aber so richtig zählt ein Geburtstagskuchen ja nicht als Wunsch, oder? Der gehört schließlich zum Geburtstag dazu wie das Kerzen auspusten.
Aber mein richtiges, echtes Geburtstagsgeschenk, das hat mich an meinem Geburtstag eigentlich schon morgens geweckt. Es hat nämlich gebellt! Nicht böse, eher freudig und aufgeregt. Es war das schönste Bellen, das ich je gehört hatte. Es war nämlich von meinem Harry. Das ist nun schon 2 Jahre her. Harry wohnt noch immer bei uns und weckt mich jeden Morgen. Harry ist der tollste Hund der Welt und der beste Freund, den man sich wünschen kann. Nur am Wochenende – da könnte er manchmal etwas später bellen!

Lesen wie im Theater

Spurensuche (1/2)

Lies die Geschichte leise für dich. Achte dabei auf die Redebegleitsätze. Diese sind im Text schon unterstrichen.

Die Spurensuche

„Oskar! Hierher! Hinter der Mauer ist ein Fußabdruck!“, ruft ein Spurensucher aufgeregt. Oskar kommt schnell.
„Tatsächlich“, wundert sich Oskar, „der gleiche Fußabdruck wie am Rathaus.“
Dort wurde Oskars Oma von einem Mann angerempelt. Seitdem fehlt der gelbe Umschlag mit dem Geld, das die Oma ihrem Oskar zum Geburtstag schenken wollte. Inzwischen ist Oskar mit seiner Detektivbande „Die Spurensucher” dem Dieb auf den Fersen. Oskar und die Spurensucher folgen den Fußabdrücken bis zu einer kleinen Hütte.
„Der Dieb ist in der Hütte. Verteilt euch an den Fenstern!“, befiehlt Oskar. Dann brüllt er wütend zu dem Dieb: „Wir wissen, dass Sie da drin sind! Kommen Sie heraus und geben Sie uns den Umschlag zurück!“
Der Dieb brummt verärgert: „Auf keinen Fall werde ich herauskommen! Haut ab!“
„Da! Ich sehe ihn. Er hat den Umschlag in der Hand! “, flüstert einer der Spurensucher.
In diesem Moment öffnet der Dieb ein Fenster und wirft den Umschlag mit dem Geld darin heraus.
„Wir haben das Geld wieder!“, jubeln alle fröhlich.

Lesen wie im Theater

Spurensuche (2/2)

QR-Code:

cloud.verlagruhr.de/lerninhalt/QABdbTvFFeQ5/

1. **Scanne den QR-Code. Höre dir beide Audiodateien an. Welche Aufnahme erscheint dir gelungen? Begründe.**

....

....

....

2. **Markiere den Text „Die Spurensuche“ mithilfe dieser Zeichen.**

➜	Welche Wörter sind **schwierig** zu lesen?
!	Welche Wörter würdest du **betonen**?
💬	An welchen Stellen ist es sinnvoll, die **Stimme** zu **verändern**?
📢	Wann willst du **leiser** oder **lauter** sprechen?

3. **Notiere die leseschwierigen Wörter. Übe, sie fehlerfrei zu lesen.**

....

....

4. **Notiere die Wörter, die du hervorheben möchtest. Lies sie betont vor.**

....

....

5. **Übe, den Text mithilfe deiner Markierungen vorzutragen – wie im Theater!**
6. **Nimm dich beim Vortragen der Geschichte auf.**
7. **Höre dir deinen Vortrag an. Was ist dir gut gelungen? Was möchtest du anders vorlesen?**

Lesen wie im Theater

Spurensuche (1/2)

Lies die Geschichte leise für dich. Achte dabei auf die Redebegleitsätze (zum Beispiel „ruft Spurensucher Nr. 3 mit bebender Stimme“).

Die Spurensuche

„Oskar! Hierher! Hinter der Mauer – da ist was!“, ruft Spurensucher Nr. 3 mit bebender Stimme. Oskar springt mit einem Satz über die Mauer.

„Tatsächlich“, stellt er verwundert fest, „der gleiche Fußabdruck wie hinter dem Rathaus.“

Dort wurde Oskars Oma von einem Mann angerempelt. Seitdem fehlt der gelbe Umschlag mit dem Geld, das die Oma ihrem Oskar zum Geburtstag schenken wollte. Inzwischen ist Oskar mit seiner Detektivbande „Die Spurensucher” dem Dieb auf den Fersen. Oskar und die Spurensucher folgen den Fußspuren bis zu einer kleinen Hütte.

„Er muss noch da drin sein. Die Spuren sind noch ganz frisch. Außerdem gibt es keine Spuren, die wieder aus der Tür herauskommen! Wir müssen uns aufteilen!“, verkündet Oskar und teilt jedem Spurensucher ein Fenster zur Bewachung zu.

Schon ruft Oskar mit bedrohlicher Stimme: „Wir wissen, dass Sie da drin sind! Kommen Sie heraus! Geben Sie uns den Umschlag zurück!“

Von drinnen brummt es verärgert: „Auf keinen Fall werde ich herauskommen! Verzieht euch!“

„Da! Er steht vor meinem Fenster!“, flüstert Spurensucher Nr. 1 unsicher. „Er hat den Umschlag in der Hand!“

In diesem Moment öffnet sich das Fenster von Spurensucher Nr. 2 – nur kurz und einen kleinen Spalt weit – und der gelbe Briefumschlag flattert heraus.

„Wir haben ihn! Und das ganze Geld ist auch noch drin!“, gibt Spurensucher Nr. 2 stolz bekannt.

„Dann nichts wie weg!“, treibt Oskar seine Truppe hastig zum Rückzug an.

Lesen wie im Theater

Spurensuche (2/2)

QR-Code:

cloud.verlagruhr.de/lerninhalt/EixLTWcNCgrd/

1. Scanne den QR-Code. Höre dir beide Audiodateien an. Welche Aufnahme erscheint dir gelungen? Begründe.

....

....

....

2. Markiere den Text „Die Spurensuche" mithilfe dieser Zeichen.

➜	Welche Wörter sind **schwierig** zu lesen?
!	Welche Wörter würdest du **betonen**?
~	Wann sollte das **Lesetempo** schneller sein, wann langsamer?
💬	An welchen Stellen ist es sinnvoll, die **Stimme** zu **verändern**?
( )	An welchen Stellen ist es sinnvoll, **Pausen** zu machen?
🔈	Wann willst du **leiser** oder **lauter** sprechen?

3. Übe, den Text mithilfe deiner Markierungen vorzutragen.

4. Nimm dich beim Vortragen der Geschichte auf.

5. Höre dir deinen Vortrag an. Beurteile selbst, wie gut dir dein Vortrag gelungen ist:

- ✱ Welche Stellen hast du treffend gelesen?
- ✱ Hast du an den richtigen Stellen Pausen gemacht?
- ✱ Hast du passend betont?
- ✱ War deine Lautstärke angemessen?
- ✱ Hast du den Text fehlerfrei in passender Geschwindigkeit vorgetragen?

Lesen wie im Theater

Grusel (1/2)

Lies die Geschichte aufmerksam. Achte dabei auf die Redebegleitsätze. Diese sind im Text schon unterstrichen.

Grusel auf Burg Geisterfels

Tilo verbringt seine Ferien bei den Großeltern.
Am späten Abend machen sie einen ganz besonderen Ausflug zu Burg Geisterfels.
Es ist stockfinster und kühl. Nur die brennenden Fackeln spenden ihnen etwas Licht in den alten Gemäuern.
„Hier geschehen unheimliche Dinge!", erzählt die Burgführerin mit ernster Stimme während der Mitternachtsführung auf der alten Burg.

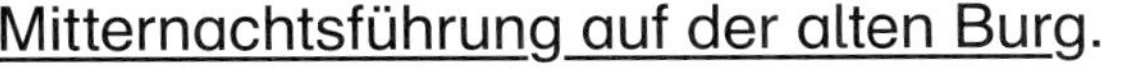

Dabei schaut sie den Besucherinnen und Besuchern direkt ins Gesicht.
„Vielleicht sollten wir lieber gehen?", fleht Tilo seinen Großvater ängstlich an.
Die lebensgroßen Ritterrüstungen erscheinen ihm bedrohlich.
Aber Tilos Großmutter lächelt ihn herzlich an. „Mit den Rüstungen geschieht nichts!", sagt sie liebevoll.
Doch plötzlich beginnt eine der Rüstungen, zu klappern und zu stöhnen.
Sie bewegt sich wie von Geisterhand. Jetzt stürzt sie sogar durch das Tor nach draußen!
Nun zittert auch Omas Stimme: „Was geschieht hier?"
Während alle bis hinauf zu den Burgzinnen fliehen, nimmt unten im Burghof die Ritterrüstung ihren Helm ab. Ist das ein echter Ritter? Oder ein Gespenst?
Nein! Schließlich erkennen alle, dass unter der Rüstung nur der Parkplatzwächter steckt!

Lesen wie im Theater

Grusel (2/2)

QR-Code:

cloud.verlagruhr.de/lerninhalt/CDs8tOXTT9vK/

1. **Scanne den QR-Code. Höre dir beide Audiodateien an. Welche Aufnahme erscheint dir gelungen? Begründe.**

....

....

....

2. **Markiere den Text „Grusel auf Burg Geisterfels“ mithilfe dieser Zeichen.**

➜	Welche Wörter sind **schwierig** zu lesen?
!	Welche Wörter würdest du **betonen**?
🗨	An welchen Stellen ist es sinnvoll, die **Stimme** zu **verändern**?
◁	Wann willst du **leiser** oder **lauter** sprechen?

3. **Notiere die leseschwierigen Wörter. Übe, sie fehlerfrei zu lesen.**

....

....

4. **Notiere die Wörter, die du hervorheben möchtest. Lies sie betont vor.**

....

....

5. **Übe, den Text mithilfe deiner Markierungen vorzutragen.**
6. **Nimm dich beim Vortragen der Geschichte auf.**
7. **Höre dir deinen Vortrag an. Was ist dir gut gelungen? Was möchtest du anders vorlesen?**

Lesen wie im Theater

Grusel (1/2)

Lies die Geschichte leise für dich. Achte dabei auf die Redebegleitsätze (zum Beispiel „berichtet die Burgführerin mit ernster Stimme").

Grusel auf Burg Geisterfels

Tilo verbringt seine Ferien bei den Großeltern. Am späten Abend machen sie einen ganz besonderen Ausflug zu Burg Geisterfels.
Es ist eine stockfinstere und kühle Nacht. Nur die brennenden Fackeln spenden ihnen etwas Licht in den alten, erhabenen Gemäuern.
Nur wenige Besucherinnen und Besucher sind so mutig, sich mitten in der Nacht hinauf auf Burg Geisterfels zu wagen. Alle kennen die gruseligen Geschichten.
„Hier geschehen unheimliche Dinge!", berichtet die Burgführerin mit ernster Stimme während der Mitternachtsführung.
Dabei schaut sie den Besucherinnen und Besuchern direkt ins Gesicht.
„Vielleicht sollten wir lieber gehen?", fleht Tilo seinen Großvater ängstlich an. Vorhin war Tilo noch ganz gespannt darauf, was ihn hier erwartet. Inzwischen ist es ihm nun doch zu unheimlich.
Die lebensgroßen Ritterrüstungen erscheinen ihm bedrohlich und gefährlich.
Aber Tilos Großmutter lächelt ihn herzlich an und wuschelt ihm dabei durch die Haare.
„Mit den Rüstungen geschieht doch nichts!", sagt sie liebevoll.
Doch plötzlich beginnt eine der Rüstungen, zu klappern und zu stöhnen.
Sie bewegt sich wie von Geisterhand. Was für ein Krach!
Jetzt stürzt und stolpert sie sogar durch das Tor nach draußen in den Innenhof!
Nun zittert auch Omas Stimme: „Was geschieht hier? Davon stand nichts im Reiseführer!"
Während alle voller Furcht bis hinauf zu den Burgzinnen fliehen, nimmt unten im Burghof die Ritterrüstung ihren Helm ab.
Ist das ein echter Ritter? Der Burgherr? Oder ein Gespenst? Nein!
Schließlich erkennen alle, dass unter der Rüstung nur der Parkplatzwächter steckt!

Lesen wie im Theater

Grusel (2/2)

QR-Code:

cloud.verlagruhr.de/lerninhalt/Z2xcuag4YUMZ/

1. **Scanne den QR-Code. Höre dir beide Audiodateien an. Welche Aufnahme erscheint dir gelungen? Begründe.**

....

....

....

2. **Markiere den Text „Grusel auf Burg Geisterfels“ mithilfe dieser Zeichen.**

➜	Welche Wörter sind **schwierig** zu lesen?
!	Welche Wörter würdest du **betonen**?
∼	Wann sollte das **Lesetempo** schneller sein, wann langsamer?
🗨	An welchen Stellen ist es sinnvoll, die **Stimme** zu **verändern**?
( )	An welchen Stellen ist es sinnvoll, **Pausen** zu machen?
◁	Wann willst du **leiser** oder **lauter** sprechen?

3. **Übe, den Text mithilfe deiner Markierungen vorzutragen.**
4. **Nimm dich beim Vortragen der Geschichte auf.**
5. **Höre dir deinen Vortrag an. Beurteile selbst, wie gut dir dein Vortrag gelungen ist:**
   * Welche Stellen hast du treffend gelesen?
   * Hast du an den richtigen Stellen Pausen gemacht?
   * Hast du passend betont?
   * War deine Lautstärke angemessen?
   * Hast du den Text fehlerfrei in passender Geschwindigkeit vorgetragen?

Lesen wie im Theater

Geldscheinfund (1/2)

Lies die Geschichte leise für dich. Achte dabei auf die Redebegleitsätze (zum Beispiel „ruft Elif ihrem Bruder laut hinterher“).

Elif und der Geldscheinfund

„Halt!“, ruft Elif ihrem Bruder laut hinterher, doch der ist schon um die nächste Straßenecke verschwunden. „So ein Mist!“, flucht sie leise. „Jetzt rennt der Blödmann bestimmt zu Mama und erzählt ihr alles.“

Elif hatte unter der Bank bei der Skatebahn tatsächlich einen 10-Euro-Schein gefunden – so ganz versteckt zwischen den Grashalmen und einer leeren Gummibärchenpackung. Weil sie das Geld aber nicht mit ihrem kleinen Bruder teilen wollte, drohte der damit, sie bei ihrer Mama zu verpetzen.

„Die will bestimmt, dass du das Geld irgendwo abgibst, auf dem Rathaus oder so. Das darf man bestimmt eigentlich gar nicht behalten. Das gehört ja wohl irgendjemandem!“, hatte er seine große Schwester altklug belehrt. „Wenn du mir aber die Hälfte davon abgibst, dann verrate ich Mama nichts davon!“

„Die Hälfte?“, hatte Elif wütend gebrüllt. „Du spinnst ja vielleicht! Ich hätte dir eine Kugel Eis spendiert, weil ich so nett bin. Aber so bestimmt nicht!“

Daraufhin hatte sich ihr Bruder ganz langsam umgedreht, während seine Augen verschwörerisch funkelten. Erst ganz gemächlich und dann mit immer schnelleren, entschlossenen Schritten war er in Richtung Gröllbergstraße geflitzt.

Zurück bleibt die große Schwester, die sich nun nicht mehr sicher ist, ob es wirklich ein Glücksfall gewesen ist, den 10-Euro-Schein unter der Bank zu entdecken.

Lesen wie im Theater

Geldscheinfund (2/2)

QR-Code:

cloud.verlagruhr.de/lerninhalt/o2xde4kfdEZV/

1. Scanne den QR-Code. Höre dir beide Audiodateien an. Welche Aufnahme erscheint dir gelungen? Begründe.

....

....

....

2. Markiere den Text „Elif und der Geldscheinfund“ mithilfe dieser Zeichen.

➜	Welche Wörter sind **schwierig** zu lesen?
!	Welche Wörter würdest du **betonen**?
∼	Wann sollte das **Lesetempo** schneller sein, wann langsamer?
🗨	An welchen Stellen ist es sinnvoll, die **Stimme** zu **verändern**?
( )	An welchen Stellen ist es sinnvoll, **Pausen** zu machen?
🔈	Wann willst du **leiser** oder **lauter** sprechen?

3. Notiere die leseschwierigen Wörter. Übe, sie fehlerfrei zu lesen.

....

....

4. Notiere die Wörter, die du hervorheben möchtest. Lies sie betont vor.

....

....

5. Übe, den Text mithilfe deiner Markierungen vorzutragen.

6. Nimm dich beim Vortragen der Geschichte auf.

7. Höre dir deinen Vortrag an. Was ist dir gut gelungen? Was möchtest du anders vorlesen?

Lesen wie im Theater

Geldscheinfund (1/2)

Lies die Geschichte leise für dich. Achte dabei auf die Redebegleitsätze (zum Beispiel „ruft Elif ihrem Bruder laut hinterher“).

Elif und der Geldscheinfund

„Halt!“, ruft Elif ihrem Bruder laut hinterher, doch der ist schon um die nächste Straßenecke verschwunden. „So ein Mist!“, flucht Elif leise. „Jetzt rennt der Blödmann bestimmt zu Mama und erzählt ihr alles.“

Elif hatte unter der Bank bei der Skatebahn tatsächlich einen 10-Euro-Schein gefunden – so ganz versteckt zwischen den Grashalmen und einer leeren Gummibärchenpackung. Weil sie das Geld aber nicht mit ihrem kleinen Bruder teilen wollte, drohte der damit, sie bei ihrer Mama zu verpetzen.

„Die will bestimmt, dass du das Geld irgendwo abgibst, auf dem Rathaus oder so. Das ist bestimmt zu viel Geld. Das darf man eigentlich gar nicht behalten. Das gehört ja wohl irgendjemandem!“, hatte er seine große Schwester altklug belehrt. „Wenn du mir aber die Hälfte davon abgibst, dann verrate ich Mama nichts davon!“

„Die Hälfte?“, hatte Elif wütend gebrüllt. „Du spinnst ja! Ich hätte dir vielleicht eine Kugel Eis spendiert, weil ich so nett bin. Aber so bestimmt nicht!“

Daraufhin hatte sich ihr Bruder ganz langsam umgedreht, während seine Augen verschwörerisch funkelten. Erst ganz gemächlich und dann mit immer schnelleren, entschlossenen Schritten war er in Richtung Gröllbergstraße geflitzt.

Zurück bleibt die große Schwester, die sich nun nicht mehr sicher ist, ob es wirklich ein Glücksfall gewesen ist, den 10-Euro-Schein unter der Bank zu entdecken.

Soll sie das Geld behalten? Oder soll sie es tatsächlich auf dem Rathaus abgeben? Was bringt es, ihrem Bruder die Hälfte abzugeben? Deswegen würde trotzdem jemandem das Geld fehlen. Aber wem? Fragen über Fragen schießen Elif durch den Kopf. Langsam zerknüllt sie den Geldschein in ihrer Hand. Der Kloß in ihrem Hals wird immer größer. Ob ihr Bruder vielleicht zurückkommt, damit sie über alles sprechen können?

Lesen wie im Theater

Geldscheinfund (2/2)

QR-Code:

cloud.verlagruhr.de/lerninhalt/v0txJmQjG0xZ/

1. **Scanne den QR-Code. Höre dir beide Audiodateien an. Welche Aufnahme erscheint dir gelungen? Begründe.**

....

....

....

2. **Markiere den Text „Elif und der Geldscheinfund“ mithilfe dieser Zeichen.**

➜	Welche Wörter sind **schwierig** zu lesen?
!	Welche Wörter würdest du **betonen**?
∼	Wann sollte das **Lesetempo** schneller sein, wann langsamer?
💬	An welchen Stellen ist es sinnvoll, die **Stimme** zu **verändern**?
( )	An welchen Stellen ist es sinnvoll, **Pausen** zu machen?
◁	Wann willst du **leiser** oder **lauter** sprechen?

3. **Notiere die leseschwierigen Wörter. Übe, sie fehlerfrei zu lesen.**

....

....

4. **Notiere die Wörter, die du hervorheben möchtest. Lies sie betont vor.**

....

....

5. **Übe, den Text mithilfe deiner Markierungen vorzutragen.**
6. **Nimm dich beim Vortragen der Geschichte auf.**
7. **Höre dir deinen Vortrag an. Was ist dir gut gelungen? Was möchtest du anders vorlesen?**